인수 法師의
생활 속의 般若

인수 법사 수필집

목차_

14 이 책을 내며... 부처님의 모든 말씀 - 반야심경

제1부
깨달음의 문을 열며

22 반야의 속삭임 - 우리 삶 속에 스며드는 불교적 지혜
23 획득과 공(空)의 역설 - 얻음과 잃음의 본질을 바라보다
24 반야심경과 한밤의 사색 - 고요한 밤, 깨달음의 순간들
25 나라는 환영 - 자아의 실체를 찾아서
26 인간관계 속의 공(空) - 소유하지 않는 사랑
27 집착과 자유 - 내려놓음의 기술
29 삶을 비추는 거울 - 반야로 보는 일상의 인식
30 무지(無知)의 커튼 - 진실을 가리는 마음의 작용
31 말 없는 진리 - 직관으로 다가가는 반야

제2부

일상 속의 반야

34 아침의 깨달음 – 하루의 시작에서 찾는 평온
35 끊임없는 연결 속에서 – 디지털 시대의 공(空)
37 일과 삶의 균형 – 성공과 실패의 무상함
38 소유와 자유 – 물질에서 벗어나는 연습
39 비교에서 오는 괴로움 – 경쟁하지 않는 용기
41 목표와 과정 – 결과에 집착하지 않는 법
42 돈과 행복 – 재물의 흐름을 바라보는 시선
43 순간을 살아가기 – 무심 속에서 발견하는 반야

제3부

불안과 존재의 경계에서

46 두려움의 본질 – 우리는 왜 불안한가?
48 삶의 변화에 대한 태도 – 모든 것은 지나간다
49 죽음과 반야 – 끝이 아닌 새로운 시작
51 삶의 무상함 – 모든 것은 지나간다
52 죽음을 준비하는 자세 – 반야의 눈으로 바라본 생의 끝
53 사라짐과 존재 – 우리는 무엇이 되는가?
54 기억과 망각 – 살아남은 자들의 반야

제4부
수행과 깨달음

56 반야와 현대 명상 - 지금, 여기에 머무는 연습
57 일상의 수행 - 생활 속에서 실천하는 반야의 지혜
58 깨달음 이후의 삶 - 자유로운 존재로 살아가기
59 명상의 시작 - 마음을 다스리는 연습
61 선(禪)과 반야 - 깊은 집중과 깨달음의 순간
62 호흡과 의식 - 지금 여기에서 존재하기
63 걷기 명상 - 발걸음마다 깨달음을 담다
64 먹는 행위의 명상 - 일상에서 실천하는 수행
65 말 속의 공(空) - 진정한 소통이란 무엇인가?
66 침묵의 지혜 - 말하지 않음으로써 깨닫는 것
67 언어의 한계 - 말로 표현할 수 없는 것들
67 경전과 현대인의 대화 - 불경이 전하는 메시지
68 내면의 소리 듣기 - 반야의 가르침을 마음으로 이해하기

제5부

반야와 관계의 지혜

72 가족이라는 인연 - 사랑과 집착의 경계
74 친구와 적 - 관계의 본질을 묻다
76 직장 내 인간관계 - 역할과 본질을 구별하기
78 연인과 결혼 - 소유하지 않는 사랑을 배우다
80 타인과 나 - 경계를 허무는 연습

제6부

감각과 인식의 반야

84 보는 것과 실재 - 눈앞에 보이는 것이 전부일까?
85 듣는다는 것 - 진정한 경청의 의미
86 촉각과 감각의 세계 - 손끝에서 느껴지는 진실
87 감각을 넘어선 깨달음 - 감각 뒤의 진실을 탐구하다

제7부
자연 속의 반야

92 바람과 물의 흐름 - 자연이 가르쳐주는 무상함
93 산속에서의 명상 - 고요함 속에서 찾는 평온
95 꽃과 나무의 존재 - 피고 지는 것의 의미
96 동물과 인간 - 본능과 깨달음의 경계
98 우주의 공(空) - 무한한 공간 속에서의 나

제8부
예술 속의 반야

102 그림 속의 공(空) - 색과 형상의 의미
103 음악과 명상 - 소리 없는 소리를 듣다
105 문학 속의 깨달음 - 이야기 속 반야 찾기
106 무용과 자유 - 몸을 통해 표현하는 반야
107 영화와 철학 - 스크린 위의 반야심경

제9부

역사와 현대 속의 반야

112 고대 불교와 반야 - 초기 불교의 가르침
113 대승불교와 반야 - 공(空)의 철학적 발전
115 선종과 반야 - 수행을 통한 즉각적 깨달음
116 불교의 서양 전파 - 서구철학과의 만남
118 현대사회에서 반야심경 읽기 - 오늘날의 의미
119 심리학에서 본 무아와 공
121 에크하르트 톨레와 '지금 이 순간'의 만남
126 양자물리학과 불교의 공통점
129 자기계발과 공 - 비움이 성장이다
134 번아웃 시대의 수행
138 사회 속의 나, 역할에서 벗어나기
144 죽음을 마주하는 마음의 자세
149 반야심경과 타인의 고통에 반응하기
154 보살로 살아가기 - 이타의 철학
160 기술, 소셜미디어, 욕망에서 자유로워지기
165 집착 없는 풍요, 소유 없는 자유
169 반야심경, 오늘의 나를 위한 경전

에필로그

이 책을 내며...

부처님의 모든 말씀-반야심경

　불교의 모든 것, 부처님의 모든 말씀을 팔만대장경으로 옮겨놓은 것, 空(공)이란 한 글자로 함축시켜 놓은 것이 반야심경이요. 생활의 지혜를 깨우치는 오묘한 법의 말씀입니다.

　쉽게 이해를 하자면, 빈 항아리에 무엇을 채우느냐에 따라서 삶이 달라지는 것이 空(공)입니다. 어떤 중생은 항아리를 오물통으로 사용하고, 어떤 이는 신주단지로 사용하듯 그 용도에 따라 우리 삶도 어떻게 사용하느냐에 따라 달라지는 것입니다.

　이처럼 空(공)은 채우는 또 다른 방법인 것처럼 자신의 근기에 맞게 한 개의 화두를 정해서 반야심경을 독송하면 이해가 되고 내 삶을 반야의 지혜는 무엇으로, 또 空(공)은 무엇으로 채워 나갈 건지 알 수가 있습니다. 간단하면서도 어려운 것이 반야의 지혜인 것입니다.

콩 심은 데 콩 나고 팥 심은 데 팥 나는 것이 반야심경(般若心經)입니다. 부의 씨앗을 심지 않고 부가 나오기를 바라면 그것은 잘못된 심보입니다.

우리는 종종 '공(空)'이라는 개념을 허무함이나 무(無)로 오해하곤 합니다. 하지만 반야심경에서 말하는 공은 '없음'이 아니라 '변화와 연기의 원리'를 뜻합니다. 즉, 모든 것은 인연 따라 변하며, 고정된 실체란 없다는 뜻이지요.

삶 속에서 반야의 지혜를 실천하는 방법은 간단합니다. 집착을 줄이고, 순간을 받아들이며, 있는 그대로를 인정하는 것. 이는 곧, 삶을 가볍게 사는 법을 배우는 과정이기도 합니다. 우리가 매달리는 감정과 욕망, 소유하고자 하는 것들은 결국 변합니다. 그렇기에 그 모든 것을 움켜쥐는 대신,

흘려보낼 줄 아는 자세가 중요합니다.

반야의 가르침을 삶에 적용하는 순간, 우리는 지금까지 보지 못했던 새로운 시각을 갖게 됩니다. 세상을 바라보는 눈이 열리고, 불필요한 걱정과 번뇌에서 자유로워질 수 있습니다. 결국, 반야의 길은 우리를 고통에서 벗어나 진정한 평온으로 이끄는 지혜로운 길입니다.

이 책을 통해, 독자 여러분이 반야의 가르침을 자신의 삶 속에서 실천할 수 있기를 바랍니다. 반야심경은 단순한 경전이 아니라, 우리가 매일의 삶에서 깨달음을 얻고 성장하는 길잡이가 되어 줄 것입니다

2025. 03 인수 법사

菩賢寺

부산시 만덕동 수월청정도량 보현사에

부처님 친견을 나선다.

보현사 들어서니

천상천하무여불(天上天下無如佛)

시방세계역무비(十方世界亦無比)

세간소유아진견(世間所有我盡見)

일체무유여불자(一切無有如佛者)

주련이 불자를 반기듯이

나를 맞이한다

나무아미타불

목소리로 주련의 화두을 이고

법당문을 들어선다.

경건하게 합장하고 부처님전에 삼보의 예를 올린다.

부처님 감사합니다.

이법사의 삶의 등불을 밝혀 주심에

감사의 예를 올리고 공양간을 들어간다.

주지법사인 보덕법사가 반갑게 맞이한다.
얼굴이 좋아 보이시네요.
하고 인사를 건넨다.
네, 덕분에요.
라고 하면 의자에 예의없이 털석 앉아서
커피나 한잔주소 하고
주문을 한다.
뜨거운 김이 종이컵의 겉을 달구어
손끝이 따뜻하다.
고맙게 마시겠습니다.
하고는 후루룩 냉수 마시듯이 들이키니 다들 웃는다.
무슨 커피를 뜨거울건데 하면서
걱정의 눈초리로 쳐다본다.
고법사도 미소로 무언의 메시지를 보내는데
아둔한 이법사는 알아차리지 못하고
그저 커피 한 잔에
정신이 팔고 앉아있는
꼴이 참이다.
또 한분한분 보살님들이

부처님삼배를 마치고 공양간을 들어선다.

"보살님네들 여여하시지요."

하면서 인사를 건넨다.

보현사의 하루가

이렇게 시작을한다

나무아미타불

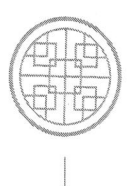

제1부

깨달음의 문을 열며

반야의 속삭임 – 우리 삶 속에 스며드는 불교적 지혜

어느 날, 나는 차를 마시며 창밖을 바라봤다. 따뜻한 차 한 모금이 입안을 감싸는 순간, 불현듯 이런 생각이 들었다. '이 순간도 결국 사라지는 거구나.' 우리는 매일 같은 하루를 사는 것 같지만, 사실 똑같은 날은 단 한 번도 없다. 흐르는 강물처럼, 우리의 삶도 쉼 없이 흘러가고 있다.

불교에서 말하는 '반야(般若)'는 단순한 지식이 아니다. 반야는 삶을 바라보는 통찰의 눈이자, 존재의 본질을 꿰뚫는 지혜다. 반야심경의 첫 구절을 떠올려보자. "관자재보살 행심반야바라밀다시…" 여기서 '관자재'란 모든 것을 있는 그대로 보고, 자유롭게 받아들이는 존재를 의미한다. 즉, 반야의 지혜를 가진 사람은 삶을 가볍게 살며, 있는 그대로의 모습을 인정하는 법을 배운다.

우리 삶에서 반야는 어떻게 스며들고 있을까? 때때로 우리는 '이게 나한테 왜 일어나는 걸까?'라며 고통을 원망하지만, 조금만 시선을 바꾸면 고통은 새로운 깨달음으로 변한다. 삶은 그 자체로 반야의 가르침을 품고 있다. 고통도, 기쁨도, 모두가 반야의 일부다.

획득과 공(空)의 역설 – 얻음과 잃음의 본질을 바라보다

어릴 적, 나는 유난히 무언가를 소유하고 싶어 했다. 예쁜 필통, 새 학용품, 심지어 친구가 가진 작은 장난감까지도. 그러나 한참을 지나고 나서야 깨달았다. 그 모든 것들은 결국 사라졌다. 잃어버렸거나 낡았거나, 아니면 더 이상 필요하지 않게 되었다.

반야심경에서 말하는 '공(空)'은 모든 것이 비어 있다는 뜻이 아니다. '공'이란 존재하는 모든 것이 영원하지 않으며, 변하고, 얽혀 있다는 의미다. 우리가 집착하는 것들, 노력해서 얻으려 하는 것들, 결국 모두 손에서 스르르 빠져나간다. 그

럼에도 우리는 여전히 무언가를 쥐려 하고, 놓치면 아쉬워한다.

하지만 역설적이게도, 진정한 자유는 쥐는 것이 아니라 내려놓는 것에서 온다. 모든 것이 지나간다는 사실을 받아들이면, 집착에서 벗어나 더 가벼운 마음으로 살아갈 수 있다. 우리가 정말로 가져야 할 것은 외부의 물질이 아니라, 순간을 온전히 살아가는 지혜가 아닐까.

반야심경과 한밤의 사색 – 고요한 밤, 깨달음의 순간들

어느 조용한 밤, 불을 끄고 창밖을 바라보았다. 도시는 조용했고, 저 멀리 길거리를 비추는 가로등만이 희미한 빛을 내고 있었다. 이 고요함 속에서 문득, 반야심경의 한 구절이 떠올랐다.

"색즉시공 공즉시색"

색(色)은 물질이고, 공(空)은 비어 있음이다. 하지만 여기서 말하는 '공'은 단순히 없는 것이 아니다. 색과 공은 둘이 아니라 하나라는 뜻이다. 즉, 우리가 보고 만지는 이 모든 것들이 실체가 있는 듯 보이지만, 사실은 끊임없이 변하는 과정 속에 있다는 것이다.

우리는 때때로, 사라질 것에 너무 많은 감정을 쏟는다. 관계도, 명예도, 돈도. 하지만 반야심경은 말한다. 그 모든 것이 실체가 아닌, 끊임없이 변화하는 것일 뿐이라고. 그렇다면 우리는 무엇을 붙잡아야 할까? 그것은 아마도 지금 이 순간을 온전히 살아가는 태도일 것이다.

나라는 환영 - 자아의 실체를 찾아서

우리는 누구일까? 내가 '나'라고 생각하는 이 존재는 정말 실체가 있는 걸까? 어릴 때부터 같은 이름을 불려왔고, 거울 속 얼굴도 익숙하지만, 가만히 들여다보면 '나'라는 존재는 늘 변하고 있었다.

반야심경에서 말하는 '나'는 고정된 실체가 아니다. 우리가 생각하는 자아는 경험과 기억, 감정들이 쌓여 만들어진 하나의 흐름이다. 마치 강물처럼, 지금의 나는 어제의 나와 같으면서도 다르다. 그렇다면 우리가 집착할 '진짜 나'란 무엇일까?

어쩌면 반야는 우리에게 이렇게 속삭이고 있을지도 모른다. "너는 변하고 있다. 그러니 스스로를 너무 단단하게 규정하지 마라." 그렇게 생각하면 한결 자유로워진다. 실수해도, 변화해도 괜찮다. 나는 흐르고 있으니까.

인간관계 속의 공(空) - 소유하지 않는 사랑

사람들은 사랑을 하면서도 종종 집착한다. '내 사람'이라는 말을 쓰면서, 상대가 내 뜻대로 움직이길 바라기도 한다. 하지만 사랑이란 정말 소유할 수 있는 것일까?

반야심경이 가르쳐주는 사랑의 형태는 집착이 없는 사랑이다. 타인을 있는 그대로 받아들이고, 그들의 변화조차도 자연스럽게 받아들이는 것. 그렇게 사랑할 수 있다면, 우리는 상대에게 더 자유로운 존재가 될 수 있다.

사람과 사람 사이에도 '공'의 원리가 있다. 우리는 서로 영향을 주고받지만, 결코 완전한 소유가 될 수는 없다. 소유하지 않으려 할 때, 우리는 오히려 더 깊이 사랑할 수 있다.

집착과 자유 - 내려놓음의 기술

어느 날, 손에 쥐고 있던 모래를 세게 쥘수록 빠져나가는 것을 본 적이 있다. 힘을 빼고 가만히 손을 펼쳤을 때야 비로소 모래는 온전히 내 손 위에 머물렀다. 집착도 이와 같다.

무언가를 꼭 쥐고 있어야 안심이 될 것 같지만, 사실 쥘수록 우리는 불안해진다. 놓칠까 두렵기 때문이다. 반면, 내려놓으면 모든 것이 가벼워진다. 때로는 물질뿐만 아니라, 내면의 감정도 내려놓아야 한다. 과거의 상처, 원망, 분노까지도.

'내려놓음'은 포기가 아니다. 오히려 가장 적극적인 선택이다. 반야는 말한다. 집착에서 벗어나면, 우리는 더 자유로워질 수 있다고. 그리고 자유로워진 우리는, 더 가볍고 행복한 삶을 살아갈 수 있다고.

깨달음의 문을 여는 것은 거창한 일이 아니다. 삶 속에서 반야의 속삭임을 들으며, 집착을 내려놓고, 지금을 온전히 살아가는 것. 그것이 바로 반야의 길이 아닐까?

이제, 당신의 마음에도 반야의 문이 살며시 열렸기를 바라며.

삶을 비추는 거울 - 반야로 보는 일상의 인식

우리의 일상은 거울과도 같습니다. 타인의 말에 내가 흔들릴 때, 혹은 예상치 못한 상황에 분노나 불안이 올라올 때, 그 감정은 외부 탓이 아니라 내 안의 거울이 비추는 나의 모습일 수 있습니다. 반야의 지혜는 이 거울을 똑바로 마주하게 해줍니다.

가령, 버스를 놓쳤다고 하루 종일 기분이 나쁘다면, 문제는 버스가 아니라 '내 계획대로 되지 않으면 불행하다'는 집착입니다. 반야심경은 색즉시공(色卽是空), 곧 보이는 형상은 모두 공하다고 말합니다. 그 말은 우리의 일상에서 벌어지는 크고 작은 일들, 그것에 달라붙은 나의 생각과 감정들 또한 '고정된 실체가 없다'는 뜻입니다.

이 깨달음을 일상에 적용한다면, 우리는 작은 불행에도 흔들리지 않고, 타인의 말에 휘둘리지 않는 평온한 마음을 가질 수 있습니다. 거울은 결코 스스로를 꾸미지 않습니다. 그냥 있는 그대로 비출 뿐입니다. 우리의 마음도, 일상도, 반야의 거울로 들여다보면 훨씬 더 투명해집니다.

무지(無知)의 커튼 – 진실을 가리는 마음의 작용

반야심경은 진실을 깨닫는 길이 '집착에서 벗어나는 것'이라고 말합니다. 그런데 우리는 진실을 마주하기보다 무의식적으로 외면하려는 경향이 있습니다. 그것은 마치 마음속 커튼을 치는 것과도 같습니다.

이 커튼은 어떻게 만들어질까요? 과거의 상처, 고정된 신념, 남들의 시선, 성공에 대한 욕망, 실패에 대한 두려움… 이 모든 것이 진실을 가리는 무지의 커튼이 됩니다. 예를 들어, 어떤 일이 뜻대로 되지 않을 때 우리는 쉽게 '나는 안 되는 사람이야'라는 결론을 내립니다. 하지만 반야의 관점에서 본다면, 그런 고정된 '자아' 자체가 환영일 뿐입니다.

무지를 깨뜨리려면 먼저 그것을 인정하는 용기가 필요합니다. 무지는 어둠이 아니라, 아직 빛이 들어오지 않은 상태일 뿐입니다. 반야의 가르침을 통해 우리는 마음의 커튼을 살짝 걷어내고, 그 너머에 있던 진실을 조용히 마주할 수 있게 됩니다.

말 없는 진리 - 직관으로 다가가는 반야

진리는 반드시 말로 설명되어야 할까요? 반야심경을 깊이 읽다 보면, 언어의 한계를 느끼게 됩니다. 말로 표현되지 않는 어떤 것을, 우리는 '느끼고', '알고', '사무치는' 방식으로 이해해야 할 때가 있습니다. 그것이 바로 반야의 직관입니다.

선종에서는 이를 '이심전심(以心傳心)'이라고도 부릅니다. 마음에서 마음으로 전해지는 깨달음, 그것은 책이나 설교가 아닌, 한순간의 침묵, 한 마디 말 없는 마주침 속에서도 발생할 수 있습니다. 한 스님이 제자에게 묻습니다. "진리는 어디에 있는가?" 제자는 아무 말 없이 꽃을 들어 보였습니다. 스승은 말합니다. "이미 다 전했다."

삶에서 우리도 그렇게 말 없는 진리와 마주하는 순간이 있습니다. 아이의 미소, 봄날의 햇살, 장맛비 소리… 그 안에 담긴 '공'의 메시지를 굳이 설명하려 하지 않고 그냥 느낄 수 있을 때, 우리는 반야의 가장 깊은 층위에 도달한 것입니다.

제2부

일상 속의 반야

아침의 깨달음 – 하루의 시작에서 찾는 평온

아침에 눈을 뜨면 우리는 하루를 어떻게 보낼지 생각하며 정신없이 움직인다. 창밖을 바라보며 날씨를 확인하고, 스마트폰을 열어 메시지를 확인하며, 빠르게 커피를 내린다. 하지만 이 모든 과정이 너무 익숙해져서 그 순간들을 온전히 느끼지 못할 때가 많다. 우리는 늘 다음 일로 향하고 있다. '출근 준비를 빨리 해야 해', '이메일을 확인해야 해', '오늘 미팅에서 무슨 말을 해야 하지?' 하루를 시작하는 순간부터 머릿속은 온갖 생각들로 가득 차 있다.

하지만 가끔은 멈춰보는 것도 필요하다. 물이 끓어오르는 소리를 듣고, 커피 향이 퍼지는 순간을 느껴보자. 따뜻한 커피 한 모금을 마시며 혀끝에서 퍼지는 쓴맛과 고소한 향을 음미해 보자. 반야심경에서 말하는 '관자재(觀自在)'란 바로 이런 순간을 온전히 바라보는 태도를 의미한다. 지금 이 순간을 있는 그대로 받아들일 때 불필요한 불안과 집착에서 벗어날 수 있다. 커피 한 잔에서도 우리는 반야의 지혜를 배울 수 있

다. '지금 이 순간을 살아라.'

아침은 단순한 하루의 시작이 아니라, 삶을 새롭게 시작할 기회이기도 하다. 어제 실수했던 일이 떠오를 수도 있고, 오늘 해야 할 일이 떠오르면서 가슴이 답답해질 수도 있다. 하지만 반야의 지혜는 우리에게 말한다. 어제는 이미 지나갔고, 미래는 아직 오지 않았다. 중요한 것은 오직 지금뿐이다. 아침을 온전히 맞이하는 것은 단순히 눈을 뜨는 것이 아니라, 현재를 살아가는 연습이 된다. 세상을 새롭게 바라보고, 오늘 하루를 충만하게 보내기 위한 첫걸음이 되는 것이다.

끊임없는 연결 속에서 – 디지털 시대의 공(空)

스마트폰을 들여다보면 세상은 빠르게 움직인다. 뉴스에서는 끊임없이 새로운 사건이 터지고, SNS에서는 누군가는 여행을 가고, 누군가는 맛있는 음식을 먹고 있다. 타인의 삶을 보며 우리는 스스로를 비교하기 시작한다. '나는 왜 저렇게 살지 못할까?', '나는 아직도 부족한가?' 하지만 우리가 보는 것은 단편적인 장면일 뿐이다. 반야심경이 말하는 '색즉시공 공즉시색(色卽是空 空卽是色)' - 모든 것은 실체가 없는 것이며 변한다는 이 말처럼, 소셜미디어 속의 화려한 삶도 허상일 수 있다. 우리는 각자의 방식대로 살아가고 있으며, 비교 속에서 불안을 키우는 대신 지금 내 앞에 있는 현실을 소중히 여기는 것이 더 중요하다.

디지털 시대에는 정보가 넘쳐난다. 하지만 그 정보의 양이 많아질수록 우리는 오히려 더 혼란스러워지고, 더 많은 불안을 느낀다. '이걸 모르면 안 되는 걸까?', '나만 뒤처지는 건 아닐까?' 하지만 반야의 지혜는 말한다. 진짜 중요한 것은 외부의 정보가 아니라, 내 안에서 찾는 평온함이다. 우리가 끊임없이 연결되려 애쓸수록 더 고립감을 느끼는 이유는, 진정한 연결이 우리 안에서 시작되지 않기 때문이다. 스마트폰을 내려놓고, 지금 이 순간을 온전히 살아가는 연습을 해보자.

일과 삶의 균형 – 성공과 실패의 무상함

일터에서도 반야의 가르침은 우리에게 중요한 메시지를 전한다. 업무를 하면서 실수를 하면 불안해지고, 좋은 성과를 내면 기뻐하지만 그 기쁨도 오래가지 않는다. 직장에서는 끊임없는 평가가 이루어지고, 우리는 항상 더 나아지길 바란다. 하지만 반야심경은 우리에게 속삭인다. '이 또한 지나간다.' 현재의 성공도, 현재의 실패도 영원하지 않으며, 모든 것은 변한다. 결과에 너무 집착하기보다 과정 속에서 배우고 성장하는 것이 더 중요하다. 실수조차도 지나고 나면 우리의 일부가 된다. 지금 이 순간을 온전히 살아가면, 우리는 어떤 결과에도 흔들리지 않는 마음을 가질 수 있다.

성공이란 무엇일까? 직장에서 승진을 하고, 연봉이 오르면 우리는 성공했다고 생각한다. 하지만 그 순간의 기쁨이 오래갈까? 목표를 이루면 더 높은 목표가 생기고, 우리는 다시 또 다른 성취를 쫓게 된다. 반면, 실패했을 때 우리는 모든 것을 잃은 것처럼 느낀다. 하지만 시간이 지나면 그 실패조차도 우리 삶의 일부로 자리 잡고, 결국은 새로운 배움의 기회가 되기도 한다. 결국, 성공과 실패는 우리를 끌어당기는 환영(幻影)일 뿐이다. 그 환영에서 벗어나, 그저 매 순간을 온전히 살아갈 수 있다면 우리는 더 자유로워질 것이다.

소유와 자유 – 물질에서 벗어나는 연습

우리는 더 좋은 집, 더 비싼 차, 최신형 스마트폰을 원한다. 하지만 이런 것들을 얻으면 정말 만족할까? 반야심경의 가르침은 우리에게 묻는다. '이 모든 것이 진짜 나를 채워줄 수 있는가?' 소유에 대한 집착은 끝없는 갈증을 낳는다. 한 번 채워진 욕망은 곧 더 큰 욕망으로 변한다. 결국, 우리는 더 많이 가질수록 더 많은 것을 원하게 되는 아이러니 속에서 살아간다.

소유가 많아질수록 우리는 그것을 유지하기 위해 더 많은 시간을 투자해야 하고, 잃을 것에 대한 두려움도 커진다. 그러나 반대로, 꼭 필요한 것만을 남기고 단순한 삶을 선택하면 우리는 더 많은 여유와 자유를 누릴 수 있다. 예를 들어, 한 사람이 값비싼 옷과 액세서리로 가득 찬 옷장을 정리하고 자신이 정말 좋아하는 옷 몇 벌만 남긴다면, 매일 아침 옷을 고르는 스트레스에서 해방될 수 있다. 이는 단순한 정리가 아니라, 삶에서 불필요한 요소를 덜어내는 과정이다.

또한, 물질을 소유하는 것이 반드시 나쁘다는 것은 아니다. 중요한 것은 물질을 어떻게 바라보느냐에 있다. 물질을 수단으로 보고, 필요할 때 적절히 활용할 수 있다면 우리는 그것에 휘둘리지 않을 수 있다. 소유 자체가 목적이 되는 것이 아니라, 우리의 삶을 더 풍요롭게 만드는 도구로 바라볼 때 우리는 비로소 소유로부터 자유로워질 수 있다.

비교에서 오는 괴로움 - 경쟁하지 않는 용기

우리 사회는 끊임없는 경쟁을 요구한다. 학생 시절부터 우리는 시험 성적으로 평가받고, 성인이 되어서는 직장에서 동료들과 비교된다. SNS를 보면 다른 사람들이 더 나은 삶을 사는 것처럼 보인다. 이렇게 우리는 끊임없이 남과 비교하며 스스로를 평가하고, 때로는 열등감을 느끼기도 한다.

하지만 반야심경은 우리에게 묻는다. '남과의 비교가 진정한 행복을 가져다줄 수 있는가?' 비교는 우리를 성장하게 할 수도 있지만, 동시에 우리를 끝없는 욕망의 수레바퀴에 가두기도 한다. 우리는 타인의 기준에 맞춰 자신을 평가하기보다, 나만의 기준을 세우고 살아가는 것이 더 중요하다.

한 노스님이 제자들에게 말했다. "강에 흐르는 물을 보아라. 물은 자신이 어디로 흘러가는지 고민하지 않는다. 그저 흘러갈 뿐이다." 우리는 각자의 길을 가고 있다. 남의 길을 따라가려 하기보다, 나만의 흐름을 찾는 것이 더 중요하다. 비교 속에서 오는 괴로움에서 벗어나기 위해서는, 먼저 자신을 인정하고 받아들이는 연습이 필요하다.

목표와 과정 - 결과에 집착하지 않는 법

목표를 세우는 것은 중요하다. 하지만 목표 자체가 집착이 될 때, 우리는 그것을 이루지 못하면 불행해지고, 이루더라도 더 큰 목표를 설정하며 끝없는 갈증 속에서 살아가게 된다. 반야의 가르침은 목표를 가지되, 그것에 얽매이지 말라고 한다.

예를 들어, 마라톤을 뛰는 사람을 생각해 보자. 어떤 사람은 오직 결승선을 통과하는 것만을 목표로 삼는다. 하지만 다른 사람은 달리는 과정 자체를 즐긴다. 누가 더 행복할까? 목표를 이루는 것이 중요하지만, 그 과정에서 배우고 성장하는 것이 더욱 값진 경험이 될 수 있다.

과정 속에서 배움을 얻고, 목표를 이루든 이루지 못하든 그 자체로 의미를 찾을 때 우리는 진정한 자유를 누릴 수 있다. 결과에 연연하지 않고, 과정 자체를 충실히 살아가는 것이 반야의 길이다.

돈과 행복 – 재물의 흐름을 바라보는 시선

돈은 우리 삶에서 중요한 요소다. 하지만 돈이 많다고 반드시 행복한 것은 아니다. 반대로 돈이 없다고 해서 반드시 불행한 것도 아니다. 중요한 것은 돈을 어떻게 바라보느냐이다. 반야심경의 가르침은 우리에게 돈을 집착의 대상이 아니라, 흐르는 물처럼 자연스럽게 바라보라고 한다.

한 부자가 있었다. 그는 재산을 모으는 데 온 삶을 바쳤지만, 늘 불안해했다. 돈이 많아질수록 그것을 지키는 데 더 많은 에너지를 쏟았고, 결국 평생을 걱정하며 살았다. 반면, 적은 돈을 가지고도 만족하며 사는 사람도 있다. 중요한 것은 돈의 많고 적음이 아니라, 돈을 바라보는 태도다.

돈은 우리의 삶을 윤택하게 만들어 주는 도구일 뿐이다. 그것이 우리를 지배하지 않도록, 필요할 때 쓰고, 나눌 수 있는 마음을 가지는 것이 중요하다. 돈이 목적이 아니라, 삶을 더 나아지게 하는 수단이 될 때 우리는 진정한 풍요로움을 느낄 수 있다.

순간을 살아가기 – 무심 속에서 발견하는 반야

우리는 종종 '더 나은 미래'를 꿈꾸며 현재를 희생한다. 하지만 반야의 가르침은 우리에게 지금 이 순간을 살아가라고 말한다. 과거는 이미 지나갔고, 미래는 아직 오지 않았다. 우리가 살아갈 수 있는 유일한 시간은 바로 지금뿐이다.

한 노스님이 길을 걷다가 제자에게 물었다. "지금 너는 어디에 있는가?" 제자는 대답했다. "스님, 저는 이 길 위에 있습니다." 스님이 다시 물었다. "정말로 여기 있는가? 아니면 네 마음은 과거와 미래를 떠돌고 있는가?" 그제야 제자는 깨달았다. 그는 몸은 길 위에 있었지만, 마음은 걱정과 후회

속을 떠돌고 있었다.

순간을 살아간다는 것은 단순히 시간을 흘려보내는 것이 아니다. 그것은 지금 이 순간을 온전히 경험하는 것이다. 우리가 지금을 살아갈 때, 반야의 지혜는 더욱 선명해진다.

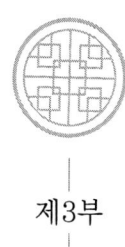

제3부

불안과 존재의 경계에서

두려움의 본질 – 우리는 왜 불안한가?

우리는 매일 크고 작은 불안을 마주한다. 시험을 앞두고, 새로운 직장에 출근하기 직전, 혹은 단순히 내일이 어떻게 흘러갈지 몰라서도 불안하다. 때로는 특별한 이유도 없이 가슴이 답답하고, 막연한 두려움이 우리를 사로잡는다. 하지만 조금만 깊이 들여다보면, 불안의 본질은 아직 일어나지 않은 미래에 대한 두려움에서 비롯된 것임을 알 수 있다. 우리는 현재가 아니라, 아직 일어나지 않은 일들에 대해 걱정하며 스스로를 괴롭히고 있는 것이다.

반야심경에서는 '오온개공(五蘊皆空)'이라는 표현이 나온다. 즉, 우리가 인식하는 모든 것이 본래 공(空)하다는 의미다. 불안 역시 마찬가지다. 불안이란 결국 우리의 마음이 만들어낸 허상일 뿐, 실체가 있는 것이 아니다. 그렇다면 불안을 어떻게 다룰 수 있을까? 가장 중요한 것은 불안을 없애려고 애쓰기보다, 그 감정을 있는 그대로 바라보는 것이다. 마치

창문을 통해 비가 오는 모습을 바라보듯이, '아, 내가 지금 불안하구나' 하고 인정하는 것이다. 이렇게 바라보면 불안은 더 이상 우리를 지배하지 않는다.

한 번은 중요한 강연을 앞두고 심장이 쿵쾅거렸던 적이 있다. 수많은 청중 앞에서 말을 해야 한다는 부담감 때문이었다. 하지만 그 순간, '이 불안도 지나갈 거야. 이 순간도 영원하지 않아'라고 생각하니 신기하게도 마음이 한결 가벼워졌다. 결국 강연은 무사히 끝났고, 지나고 보니 불안했던 순간이 오히려 소중한 경험이 되었다. 우리는 두려움을 완전히 없앨 수는 없지만, 그 감정을 인정하고 받아들이면 한결 자유로워질 수 있다.

불안을 극복하는 가장 좋은 방법 중 하나는 지금 이 순간에 집중하는 것이다. 걱정은 대개 미래를 향하지만, 우리가 할 수 있는 일은 오직 현재를 살아가는 것뿐이다. 커피를 마시며 온전히 그 맛을 음미하는 것, 산책을 하면서 바람의 감촉을 느끼는 것, 지금 하고 있는 일에 몰입하는 것. 이런 작은 습관들이 쌓이면, 우리는 점점 불안에서 자유로워질 수 있다.

삶의 변화에 대한 태도 – 모든 것은 지나간다

변화는 누구에게나 두려운 일이다. 새로운 직장, 새로운 환경, 관계의 변화. 익숙한 것을 떠나야 할 때 우리는 불안함을 느낀다. 하지만 반야심경은 우리에게 말한다. '색즉시공 공즉시색(色卽是空 空卽是色)' – 모든 것은 변하며, 고정된 실체가 없다.

한 친구가 오랫동안 다닌 회사를 그만두고 새로운 도전을 하기로 했다. 그는 '혹시 실패하면 어쩌지?'라는 고민으로 한동안 밤잠을 설쳤다. 하지만 몇 달 후 그는 새로운 일에 적응했고, 오히려 변화가 자신을 성장하게 만들었다고 말했다. 변화를 두려워할 것이 아니라, 그것을 삶의 일부로 받아들일 때 우리는 더 나은 방향으로 나아갈 수 있다.

자연을 보면 모든 것이 변화하고 있음을 알 수 있다. 꽃이 피고 지는 것, 계절이 바뀌는 것. 우리 인생도 마찬가지다. 변화는 피할 수 없는 자연스러운 흐름이며, 그 흐름에 저항하는 대신 받아들일 때 우리는 더 평온한 마음으로 살아갈 수 있다.

변화를 받아들이는 첫걸음은 그것을 두려움이 아니라 가능성으로 바라보는 것이다. 익숙한 것을 떠난다는 것은 동시에 새로운 것을 맞이하는 일이기도 하다. 변화를 통해 우리는 더 넓은 세상을 경험하고, 자신을 더 깊이 이해하게 된다. 때로는 예상치 못한 변화가 우리를 가장 좋은 방향으로 이끌기도 한다.

죽음과 반야 – 끝이 아닌 새로운 시작

죽음은 누구나 두려워하는 주제다. 하지만 불교에서는 죽음을 끝이 아니라 또 다른 변화의 과정으로 바라본다. 반야심경에서 말하는 '무생법인(無生法忍)'은, 모든 존재가 본래 태어남과 죽음이라는 고정된 실체가 없음을 의미한다.

한 노승이 제자를 떠나보내며 말했다. "꽃이 시들어도 씨앗은 남는다. 우리가 보는 것은 단지 변화일 뿐." 이처럼 죽음도 완전한 끝이 아니라, 하나의 흐름 속에서 일어나는 자연스러운 현상일 뿐이다.

우리가 죽음을 두려워하는 이유는 '나'라는 존재가 사라진다고 믿기 때문이다. 하지만 깊이 들여다보면, 우리가 '나'라고 부르는 존재는 끊임없이 변해왔다. 어릴 때의 나와 지금의 나는 다르며, 우리는 매 순간 변하고 있다. 결국, 죽음이란 존재가 완전히 사라지는 것이 아니라, 또 다른 모습으로 변화하는 과정일지도 모른다.

죽음을 두려워하지 않는 가장 좋은 방법은 삶을 온전히 사는 것이다. 지금 이 순간을 충실히 살아가면, 우리는 미래의 불안에서 조금씩 자유로워질 수 있다. 죽음이 삶의 끝이 아니라면, 우리의 삶 역시 단순한 시작과 끝이 아니라 끊임없는 변화의 연속임을 깨닫게 된다.

삶의 무상함 - 모든 것은 지나간다

무상(無常)은 불교에서 가장 중요한 개념 중 하나다. 모든 것은 변하며, 영원한 것은 없다. 우리는 때때로 좋은 순간이 영원히 지속되기를 바라지만, 시간은 흘러간다. 반대로, 힘든 순간도 영원하지 않다. 그렇기에 우리는 기쁨에 집착할 필요도 없고, 슬픔에 너무 깊이 빠질 필요도 없다.

한때 힘든 시간을 보냈던 적이 있다. 하지만 시간이 지나고 보니, 그 시기가 오히려 나를 더 단단하게 만들어주었다. 우리가 경험하는 모든 일들은 지나가기 마련이다. 그렇다면 우리는 순간을 더 소중히 여기며 살아야 하지 않을까?

무상을 받아들이는 것은 단순히 체념하는 것이 아니다. 그것은 지금 이 순간을 더 깊이 살아가게 하는 힘이 된다. 우리가 가진 것들을 소중히 여기고, 순간을 음미하며 살아갈 때 삶은 더욱 풍요로워진다.

죽음을 준비하는 자세 – 반야의 눈으로 바라본 생의 끝

죽음을 준비한다는 것은 단순히 유서를 쓰는 것이 아니다. 그것은 곧, 지금 이 순간을 온전히 살아가는 것이다. 반야의 지혜는 우리에게 말한다. '집착을 내려놓아라.'

한 노스님이 임종을 앞두고 제자들에게 말했다. "나는 어디로 가는 것이 아니다. 나는 원래 어디에도 없었으니까." 이 말 속에는 깊은 지혜가 담겨 있다. 우리가 삶을 더 가볍게 살아갈 수 있다면, 죽음도 그저 자연스러운 과정일 뿐이다.

죽음을 두려워하지 않는다는 것은 곧 삶을 두려워하지 않는다는 뜻이기도 하다. 우리는 죽음을 피할 수 없지만, 그것을 어떻게 받아들이느냐에 따라 삶의 태도가 달라진다. 죽음을 자연스럽게 받아들이고, 하루하루를 충실히 살아가는 것이야말로 반야의 가르침이 아닐까?

사라짐과 존재 - 우리는 무엇이 되는가?

누군가 세상을 떠나면 우리는 슬퍼한다. 하지만 반야의 가르침 속에서는 '사라짐'이란 본래 존재하지 않는 것이라고 말한다. 모든 것은 끊임없이 변화하며, 완전히 사라지는 것은 없다.

한 그루의 나무가 죽어도 그 뿌리는 남고, 그 나무에서 피었던 꽃은 바람을 타고 새로운 씨앗이 된다. 사람도 마찬가지다. 우리는 살아가면서 다른 이들에게 영향을 주고, 그것이 또 다른 형태로 남는다. 결국 우리는 사라지는 것이 아니라, 다른 방식으로 남아 있는 것이다.

우리는 무엇이 되는가? 이 질문에 대한 정답은 없다. 하지만 반야의 지혜를 따라가다 보면, 우리는 단순한 한 개인이 아니라 거대한 흐름 속에서 살아가고 있음을 깨닫게 된다. 사라진다고 믿는 것들조차 사실은 다른 방식으로 계속 존재하고 있는 것이다.

기억과 망각 - 살아남은 자들의 반야

누군가 떠나면 우리는 기억 속에서 그들을 붙잡고 싶어 한다. 하지만 시간이 지나면 점점 희미해진다. 우리는 그것을 슬퍼하지만, 사실 망각 또한 자연스러운 것이다.

기억과 망각 역시 공(空)하다. 지나간 기억을 붙잡으려 할수록 우리는 더 괴로워진다. 반야의 가르침은 말한다. 기억을 간직하되 집착하지 말라고. 그리고 망각을 두려워하지 말라고. 우리가 사랑했던 사람들은 기억이 아닌, 우리의 삶 속에서 계속 살아가고 있다.

망각이란 존재를 부정하는 것이 아니다. 오히려 그것은 새로운 것들을 받아들이기 위한 공간을 만드는 과정이다. 우리가 사랑했던 이들의 가르침, 함께했던 순간들은 사라지지 않는다. 그것들은 우리 안에서 새로운 모습으로 자리 잡는다.

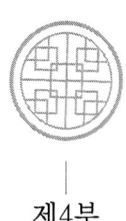

—제4부—

수행과 깨달음

반야와 현대 명상 - 지금, 여기에 머무는 연습

명상은 단순히 조용히 앉아 눈을 감고 호흡하는 행위가 아니다. 명상은 우리가 매 순간을 어떻게 살아가느냐에 대한 태도다. 현대 사회에서 우리는 끊임없이 바쁘게 살아간다. 출근길에는 업무를 걱정하고, 일을 하면서도 다음 할 일을 생각하며, 휴식을 취할 때도 미래의 불안을 떨치지 못한다. 우리의 삶은 늘 과거와 미래 사이에서 흔들리고 있다.

하지만 반야의 가르침은 우리에게 말한다. '지금, 여기에 머물라.' 명상은 단순히 앉아서 수행하는 것이 아니라, 지금 이 순간을 온전히 경험하는 것이다. 걷는 순간에는 발의 감각을 느끼고, 먹는 순간에는 음식의 질감과 온도를 음미하는 것. 이러한 작은 순간들을 깊이 경험하는 것이 바로 수행의 시작이다.

반야심경에서 '관자재보살(觀自在菩薩)'이 등장하는데, 이는

'자유롭게 바라보는 존재'라는 의미다. 즉, 우리는 현재를 자유롭게 바라볼 때 비로소 고통에서 벗어날 수 있다. 명상을 통해 우리는 생각과 감정이 흐르는 것을 있는 그대로 바라보는 연습을 하게 된다. 현재를 살아가면 불안은 줄어들고, 우리는 더욱 평온한 삶을 살 수 있다.

일상의 수행 – 생활 속에서 실천하는 반야의 지혜

수행은 특별한 장소에서만 이루어지는 것이 아니다. 사찰에서 스님들이 하는 것이 수행이 아니라, 우리가 매일 살아가는 일상이 바로 수행의 장이 될 수 있다. 반야의 지혜는 우리의 삶 속에서 빛을 발해야 한다.

한 예로, 차를 마시는 행위조차도 수행이 될 수 있다. 우리는 보통 차를 마실 때 다른 생각을 하느라 그 순간을 제대로 경험하지 못한다. 하지만 반야의 가르침을 실천한다면, 우리는 차의 향을 맡고, 잔을 손에 들었을 때 느껴지는 온기를 감각하며, 차가 목을 넘어가는 순간을 온전히 경험할 수 있다. 이렇게 작은 행동 하나도 수행이 될 수 있다.

출근길, 식사 시간, 사람들과의 대화에서도 우리는 반야의 지혜를 실천할 수 있다. 순간순간을 온전히 경험하고, 지금 이 순간을 충실히 살아가는 것이야말로 진정한 수행이다.

깨달음 이후의 삶 - 자유로운 존재로 살아가기

많은 사람들이 깨달음을 어떤 거대한 사건이나 특별한 경험으로 생각한다. 하지만 사실 깨달음은 우리의 삶 속에서 자연스럽게 스며드는 것이다. 깨달음이란 더 이상 집착하지 않는 삶을 의미한다. 우리는 종종 어떤 것을 쥐고 놓지 못하는데, 그것이 관계이든, 돈이든, 명예이든, 결국 모든 것은 변하고 사라진다.

한 수행자가 말했다. "깨달음이란 특별한 것이 아니다. 그저 삶을 있는 그대로 받아들이는 것이다." 우리가 집착에서 벗어나면 삶은 훨씬 가벼워진다. 과거의 실수에 얽매이지 않고, 미래에 대한 불안을 내려놓을 때 우리는 진정으로 자유로워질 수 있다.

깨달음을 얻는 것은 마치 짐을 내려놓는 것과 같다. 짐을 많이 짊어질수록 우리는 지치고 힘들지만, 그것을 하나씩 내려놓으면 점점 가벼워진다. 반야심경은 우리에게 '집착하지 말라'고 가르친다. 집착이 사라질 때 우리는 진정한 자유를 얻을 수 있다.

명상의 시작 - 마음을 다스리는 연습

명상은 마음을 다스리는 방법 중 하나이다. 하지만 명상을 시작하려 하면 많은 사람들이 '나는 잡념이 많아서 명상이 어렵다'고 말한다. 사실 잡념이 드는 것은 당연하다. 중요한 것은 그 잡념을 없애는 것이 아니라, 그것을 있는 그대로 바라보는 것이다.

예를 들어, 명상을 하려고 하면 갑자기 '내일 일정이 뭐였지?', '이 문제를 어떻게 해결하지?'라는 생각이 떠오른다. 보통 우리는 이러한 생각을 억누르려 하지만, 오히려 생각을 억제하려 하면 더 강해진다. 반야의 가르침은 우리에게 '생각을 있는 그대로 바라보라'고 말한다. 잡념이 떠오르면 그것을 쫓아가지 말고, '아, 이런 생각이 드는구나' 하고 알아차리는 것만으로도 마음은 한결 가벼워진다.

명상은 처음에는 어렵게 느껴질 수 있다. 하지만 꾸준히 연습하면 우리는 점점 더 현재에 머무르는 법을 배우게 된다. 그리고 그 과정에서 우리는 불필요한 걱정과 불안에서 자유로워질 수 있다.

선(禪)과 반야 - 깊은 집중과 깨달음의 순간

선(禪)은 반야의 실천 방법 중 하나다. 선이란 특정한 생각이나 개념에 얽매이지 않고, 있는 그대로의 순간을 경험하는 것이다. 반야가 이론이라면, 선은 그것을 직접 체험하는 과정이라고 할 수 있다.

한 선사가 제자에게 물었다. "네가 들고 있는 이 찻잔을 내려놓아라." 제자는 찻잔을 내려놓았다. 그러자 선사는 다시 말했다. "이제 그 찻잔을 다시 들어라." 제자가 찻잔을 들자, 선사는 미소를 지으며 말했다. "보았느냐? 내려놓는 것도, 다시 드는 것도 모두 네 마음에 달려 있다."

우리는 때때로 내려놓아야 할 것을 내려놓지 못한다. 과거의 후회, 미래에 대한 불안, 현재의 집착. 하지만 선의 수행을 통해 우리는 내려놓는 법을 배울 수 있다. 그것이 바로 반야의 실천이다.

호흡과 의식 – 지금 여기에서 존재하기

호흡은 우리가 늘 하고 있는 것이지만, 거의 인식하지 못한다. 하지만 호흡을 의식적으로 관찰하면 우리는 순간에 머무르는 법을 배울 수 있다. 숨을 들이쉬고 내쉬는 것만으로도 우리는 지금 여기에 존재할 수 있다.

명상에서 가장 기본적인 수행이 바로 호흡 명상이다. 코끝을 스치는 공기의 흐름, 배가 오르내리는 감각을 느끼면서 우리는 자연스럽게 현재로 돌아온다. 그리고 그 순간, 불필요한 걱정과 잡념은 사라진다.

호흡은 단순한 신체 작용이 아니다. 그것은 우리의 존재를 있는 그대로 경험하는 과정이다. 우리가 호흡을 관찰할 때, 우리는 순간에 머무를 수 있고, 그것이야말로 반야의 실천이다.

걷기 명상 – 발걸음마다 깨달음을 담다

걷기는 단순한 이동 수단이 아니라 하나의 수행이 될 수 있다. 우리는 보통 걷는 동안 수많은 생각에 사로잡히지만, 걷기 명상을 실천하면 발걸음 하나하나에 집중하며 현재에 머무를 수 있다.

걷기 명상을 할 때는 발이 바닥에 닿는 감각을 세심하게 느껴본다. 한 걸음 한 걸음이 의식적으로 이루어질 때, 우리는 생각에서 벗어나 지금 이 순간을 온전히 경험할 수 있다. 바람이 피부를 스치는 느낌, 주변에서 들려오는 소리, 한 발을 내디딜 때의 무게 중심 이동—all of these become part of the practice.

이러한 걷기 명상은 불필요한 걱정과 불안을 줄이고, 우리의 내면을 더욱 차분하게 만든다. 단순히 목적지를 향해 급하게 걷는 것이 아니라, 걷는 그 자체를 즐기는 것이 중요하다.

한 걸음 한 걸음이 수행이 되는 순간, 우리는 삶 속에서 반야를 경험하게 된다.

먹는 행위의 명상 - 일상에서 실천하는 수행

우리는 음식을 먹을 때 종종 TV를 보거나 스마트폰을 확인하며 정신없이 식사를 한다. 하지만 음식 한 입 한 입에 온전히 집중하는 것도 하나의 수행이 될 수 있다.

음식의 향을 맡고, 한 입 베어 물었을 때의 식감과 온도를 느끼며, 천천히 씹으면서 혀에서 퍼지는 맛을 음미한다. 이것이 바로 먹는 행위의 명상이다. 우리가 음식에 집중할 때, 음식이 주는 만족감은 더욱 커지고, 과식이나 무의식적인 식습관에서 벗어날 수 있다.

말 속의 공(空) - 진정한 소통이란 무엇인가?

우리는 말을 통해 소통하지만, 때로는 말이 오히려 오해와 갈등을 낳기도 한다. 반야의 가르침에서 말은 본질적으로 '공(空)'하다. 즉, 말 자체가 절대적인 실체를 가지는 것이 아니라, 그때그때 변하며, 상대에 따라 다르게 해석될 수 있다.

우리는 상대방의 말을 들을 때 종종 자신의 생각과 감정을 덧붙여 해석한다. 하지만 반야의 지혜를 실천하면, 말 그 자체를 있는 그대로 듣고, 불필요한 감정을 개입시키지 않으며, 말이 가진 본래의 의미를 더 깊이 이해할 수 있다. '진정한 소통'이란 상대방의 말을 온전히 듣고, 내 말이 어떤 영향을 미칠지 생각하는 태도에서 비롯된다.

침묵의 지혜 - 말하지 않음으로써 깨닫는 것

침묵은 단순히 말을 하지 않는 것이 아니라, 내면의 소리를 듣는 과정이다. 현대 사회에서 우리는 끊임없이 말을 하며, 침묵을 불편하게 여긴다. 하지만 침묵 속에서는 더 깊은 깨달음이 찾아올 수 있다.

선사들은 종종 침묵을 통해 제자들에게 깨달음을 전했다. 말로 표현할 수 없는 깊은 진리는 때로 침묵 속에서 더욱 명확해진다. 침묵 속에서 우리는 자신의 감정을 더 명확하게 들여다볼 수 있으며, 불필요한 말로 인한 오해를 줄일 수도 있다.

어떤 상황에서는 말보다 침묵이 더 강한 메시지를 전달할 수 있다. 침묵 속에서 내면의 평온을 찾고, 반야의 지혜를 실천할 수 있다.

언어의 한계 – 말로 표현할 수 없는 것들

우리는 언어를 통해 세상을 이해하지만, 언어는 본질적으로 한계를 가진다. 반야심경은 '말로 설명할 수 없는 것들이 있다'는 것을 우리에게 가르쳐 준다.

예를 들어, 우리는 사랑을 말로 표현할 수 있지만, 그 진정한 감정을 완전히 전달하기는 어렵다. 마찬가지로, 깨달음 또한 언어로 설명할 수 있는 것이 아니라, 직접 경험해야 하는 것이다. 반야의 가르침은 우리가 언어에만 의존하지 않고, 경험을 통해 진리를 깨닫는 것이 중요함을 일깨워 준다.

경전과 현대인의 대화 – 불경이 전하는 메시지

불경은 단순한 옛날 이야기나 철학적 개념이 아니라, 오늘날을 살아가는 우리에게도 깊은 가르침을 준다. 현대 사회에서 반야심경을 어떻게 적용할 수 있을까?

예를 들어, '색즉시공 공즉시색(色卽是空 空卽是色)'이라는 가르침은 우리가 집착하는 모든 것이 본래 변하는 것임을 뜻한다. 물질적 욕망, 감정적 집착, 인간관계 속의 갈등—all of these are impermanent. 이러한 가르침을 현대적 시각에서 해석하면, 우리는 더욱 자유로운 삶을 살 수 있다.

경전은 옛것이 아니라, 우리 삶 속에서 실천될 때 비로소 살아 있는 가르침이 된다.

내면의 소리 듣기 – 반야의 가르침을 마음으로 이해하기

우리는 외부의 소음 속에서 살지만, 가장 중요한 것은 내면의 소리에 귀 기울이는 것이다. 반야의 가르침을 실천하는 사람들은 외부의 평가나 세상의 소음에 휘둘리지 않고, 자신의 내면의 소리를 듣는다.

내면의 소리를 듣는 것은 곧 자기 자신을 이해하는 과정이다. 우리는 자신이 정말 원하는 것이 무엇인지, 어떤 삶을 살고 싶은지 스스로에게 질문해야 한다. 반야의 지혜는 우리에게 이러한 내면의 탐구를 장려하며, 그것을 통해 진정한 자유를 찾을 수 있음을 가르쳐 준다.

제5부

반야와 관계의 지혜

가족이라는 인연 – 사랑과 집착의 경계

가족은 우리 삶에서 가장 가까운 인연이지만, 동시에 가장 강한 집착이 생기는 관계이기도 하다. 부모와 자식, 형제자매, 배우자 사이에는 사랑이 있지만, 그 사랑이 집착으로 변하는 순간 관계는 괴로움으로 이어진다.

반야심경은 '색즉시공 공즉시색(色卽是空 空卽是色)'이라고 말한다. 사랑도 집착이 되면 괴로움이 되고, 집착을 내려놓으면 자유로운 사랑이 된다. 예를 들어, 부모가 자식을 사랑하는 마음은 자연스러운 것이지만, 자식의 미래에 대한 지나친 기대와 통제는 집착이 될 수 있다. 진정한 사랑은 집착 없이 상대를 있는 그대로 받아들이는 것이다.

부모와 자식의 관계에서, 부모는 자식이 잘되기를 바란다. 하지만 그 바람이 지나치면 강요가 되고, 자식의 삶을 통제하려는 시도가 된다. 반면, 부모가 자식에게 진정한 신뢰를 보낼 때, 자식은 스스로의 길을 찾아갈 수 있다. 사랑은 자유롭게 하는 것이며, 강요가 아니라 존중과 믿음 속에서 피어난다.

형제자매 사이에서도 마찬가지다. 어린 시절 함께 자란 형제자매는 종종 서로에게 깊은 애정을 가지고 있지만, 때로는 비교와 경쟁이 관계를 어긋나게 만들기도 한다. 하지만 반야의 가르침을 따른다면, 우리는 형제자매 역시 독립적인 존재임을 이해하고, 서로의 차이를 인정하는 마음을 가질 수 있다.

배우자 관계에서도 우리는 흔히 '서로에게 속해 있다'는 개념을 가진다. 하지만 반야의 가르침은 관계에서도 자유가 필요하다고 말한다. 배우자를 소유하려 하기보다, 함께 성장하는 존재로 받아들일 때 관계는 더욱 깊어지고 성숙해진다. 반야의 가르침 속에서 가족 관계를 바라볼 때, 우리는 더욱 평온한 삶을 살 수 있다.

친구와 적 – 관계의 본질을 묻다

우리는 친구와 적을 구분하며 살아간다. 친한 사람에게는 애정을 느끼고, 나와 맞지 않는 사람에게는 반감을 갖는다. 하지만 반야의 가르침은 '모든 것은 변한다'는 사실을 알려준다. 지금 가까운 친구가 언젠가 멀어질 수도 있고, 적대적으로 여겼던 사람이 언젠가는 좋은 관계로 변할 수도 있다.

모든 관계는 고정된 것이 아니다. 상대를 절대적인 친구나 적으로 규정하지 않고, 그저 흐르는 인연으로 바라볼 때 우리는 더 넓은 마음을 가질 수 있다. 친구에게 지나치게 의존하지도, 적에게 지나치게 미워하지도 않는 것. 반야의 지혜는 우리에게 관계에서의 균형을 찾도록 도와준다.

우리는 때때로 친구에게 상처를 받기도 하고, 실망하기도 한다. 하지만 반야의 가르침을 따른다면, 우리는 상대를 있는 그대로 받아들이는 법을 배울 수 있다. 친구란 나와 모든 것이 같아야 하는 존재가 아니라, 서로 다른 점을 이해하고 존중하는 관계임을 깨닫게 된다.

적대적인 관계도 마찬가지다. 우리가 적이라고 생각하는 사람도 결국 우리와 다르지 않은 인간이다. 그들이 우리를 미워하거나 나쁜 행동을 한다고 해서 우리가 반드시 똑같이 반응해야 하는 것은 아니다. 반야의 지혜는 우리가 상대를 있는 그대로 바라보는 힘을 기를 수 있도록 돕는다.

때로는 오랫동안 좋은 관계를 유지하던 친구와 멀어지는 경우도 있다. 우리는 그 관계를 붙잡고 싶어 하지만, 모든 인연은 흐름 속에서 변화하는 것이 자연스럽다. 친구 관계에서도 집착을 내려놓고, 그 순간을 소중히 여기는 것이 중요하다. 적과의 관계에서도 미움을 내려놓고, 상대를 하나의 흐름 속에서 바라볼 때 우리는 더욱 자유로워질 수 있다.

직장 내 인간관계 – 역할과 본질을 구별하기

직장은 단순히 생계를 위한 공간이 아니라, 인간관계의 또 다른 장(場)이기도 하다. 직장에서 우리는 다양한 역할을 맡고 있으며, 그 역할 속에서 끊임없이 평가받고 비교당한다. 하지만 반야의 가르침은 우리가 맡은 역할에 집착할 것이 아니라, 그 속에서도 본질을 잃지 않는 것이 중요하다고 말한다.

직장 속에서 우리는 '내가 이 직위를 유지해야 한다'는 강한 집착을 가질 수도 있고, 동료나 상사와의 관계에서 갈등을 경험할 수도 있다. 하지만 이러한 모든 관계가 결국 변화할 수밖에 없다는 것을 깨닫는다면, 우리는 직장 속에서도 더욱 유연한 태도를 가질 수 있다.

예를 들어, 어떤 사람이 오랫동안 회사에서 인정받았다고 하더라도, 언젠가는 후배들에게 자리를 물려줘야 할 때가 온다. 하지만 반야의 지혜를 실천하는 사람은 이러한 변화를 자연스럽게 받아들인다. 결국 중요한 것은 직장 내에서의 성공이 아니라, 우리가 어떤 마음으로 그 속에서 살아가느냐는 것이다.

직장 내에서 발생하는 스트레스의 상당 부분은 인간관계에서 비롯된다. 상사와의 갈등, 동료와의 경쟁, 후배를 이끌어야 하는 책임감 등이 얽히면서 우리는 긴장과 부담을 느낀다. 하지만 반야의 가르침을 따르면, 우리는 직장에서도 자유로워질 수 있다. 상사의 칭찬에 과도하게 기뻐하거나, 비판에 지나치게 상처받지 않는 것. 동료와의 비교에서 벗어나, 자신이 할 수 있는 최선을 다하면서도 결과에 집착하지 않는 것. 이러한 태도가 직장 속에서도 평온을 유지할 수 있도록 돕는다.

특히, 경쟁 사회에서는 승진과 보상을 위해 끊임없이 스스로를 채찍질하며 살아간다. 하지만 반야의 가르침은 우리에게 '무소유(無所有)'의 개념을 일깨운다. 결국, 우리는 어느 회사에도, 어느 자리에도 속박되지 않는 존재다. 중요한 것은 직장에서의 성취가 아니라, 우리가 직장 속에서 어떻게 성장하고, 어떻게 관계를 맺으며, 어떻게 하루하루를 보내느냐는 것이다.

연인과 결혼 – 소유하지 않는 사랑을 배우다

연인과 배우자 사이에서도 우리는 종종 상대를 소유하려는 욕망을 갖는다. 하지만 진정한 사랑은 소유가 아니라, 자유롭게 함께하는 것이다. 반야의 가르침은 사랑을 하되 집착하지 않는 것이 중요하다고 가르친다.

사랑이 집착으로 변하는 순간, 관계는 부담스러워지고 긴장감이 생긴다. 우리는 상대가 우리를 늘 사랑해 주기를 바라지만, 그 바람이 지나치면 상대를 통제하려는 시도가 된다. 하지만 반야의 가르침을 따르면, 우리는 상대를 있는 그대로 받아들이고, 기대와 집착을 내려놓을 수 있다.

사랑하는 사람과 함께할 때 우리는 행복을 느끼지만, 동시에 두려움도 느낀다. 상대가 떠날까 봐, 변할까 봐, 나를 사랑하지 않게 될까 봐 걱정한다. 하지만 반야의 가르침을 따르면, 우리는 이 두려움에서 자유로워질 수 있다. 사랑이란 강요하는 것이 아니라, 자연스럽게 흘러가는 것이다. 서로를 구속하지 않고, 각자의 삶을 존중하면서도 함께하는 것이 가장 이상적인 사랑의 형태다.

또한, 우리는 종종 '완벽한 상대'를 찾으려 한다. 하지만 완벽한 사람은 존재하지 않는다. 우리가 상대에게 기대하는 것이 많아질수록 실망도 커진다. 반야의 지혜는 우리에게 상대를 있는 그대로 받아들이라고 가르친다. 서로의 부족함을 인정하고, 함께 성장하는 것이 진정한 사랑이다.

결혼 생활에서도 우리는 반야의 가르침을 실천할 수 있다. 배우자에게 너무 의존하지 않고, 각자의 공간을 존중하며, 사랑을 강요하기보다 자연스럽게 흘러가도록 두는 것. 이러한 태도가 부부 관계를 더욱 건강하게 만든다. 결국, 사랑은 소유하는 것이 아니라, 서로를 자유롭게 해 주는 것이다.

타인과 나 – 경계를 허무는 연습

우리는 종종 '나'와 '타인'을 구분하며 살아간다. 하지만 반야의 지혜는 우리가 서로 연결된 존재임을 가르친다. 모든 사람은 서로 영향을 주고받으며 살아가고, 우리는 결코 분리된 존재가 아니다.

사회에서 우리는 다양한 사람들과 관계를 맺는다. 어떤 사람은 나와 잘 맞고, 어떤 사람은 나와 충돌하기도 한다. 하지만 반야의 가르침은 우리에게 '모든 것은 공(空)'이라는 깨달음을 준다. 우리가 관계를 맺는 모든 사람들은 결국 변할 것이며, '좋은 관계'나 '나쁜 관계'라는 것도 영원한 것이 아니다.

우리는 타인을 이해하는 과정에서 많은 것을 배운다. 타인의 감정을 공감하고, 서로에게 배울 수 있는 존재로 여길 때 우리는 더 성숙한 관계를 맺을 수 있다. 결국, 우리는 모두 연결되어 있으며, '타인'이라는 개념조차도 공(空)할 수 있다.

타인과의 관계에서 가장 중요한 것은 '기대하지 않는 것'이다. 우리는 종종 타인이 나를 이해해 주기를 바라지만, 그것이 이루어지지 않을 때 실망한다. 하지만 반야의 가르침을 따른다면, 우리는 타인에게 너무 많은 기대를 하지 않고, 스스로의 내면을 더 단단하게 만들 수 있다.

또한, 우리는 자신을 타인과 비교하면서 괴로움을 느낀다. '저 사람은 나보다 잘났어', '나는 왜 저렇게 하지 못할까?' 이러한 비교의식은 우리를 불행하게 만든다. 하지만 반야의 지혜는 우리에게 말한다. '나와 타인은 본래 다르며, 비교 자체가 의미 없는 것이다.' 우리는 각자의 삶을 살아가는 존재이며, 타인과 비교할 필요가 없다.

결국, 우리는 타인과의 관계에서 자유로워질 때 진정한 평온을 찾을 수 있다. 타인을 소유하려 하지 않고, 비교하지 않고, 기대하지 않을 때 우리는 더욱 성숙한 인간관계를 맺을 수 있다. 반야의 지혜를 실천하며, 우리는 보다 넓고 깊은 관계 속에서 성장할 수 있다.

제6부

감각과 인식의 반야

보는 것과 실재 – 눈앞에 보이는 것이 전부일까?

우리는 눈으로 세상을 본다. 하지만 우리가 본다고 믿는 것이 진실일까? 우리의 눈은 때때로 착각하고, 보이는 것이 전부라고 믿는 오류를 범한다. 반야심경은 '색즉시공 공즉시색(色卽是空 空卽是色)'이라 말하며, 보이는 것이 실재하는 것이 아니라는 깨달음을 전한다.

예를 들어, 사막에서 신기루를 보면 우리는 그것이 물이라고 믿는다. 하지만 가까이 가보면 그것은 단순한 빛의 굴절일 뿐이다. 우리의 삶에서도 마찬가지다. 우리는 다른 사람의 외면만 보고 그 사람을 판단하고, 보이는 것에 집착하며 살아간다. 그러나 보이는 것만이 전부가 아니라는 사실을 깨달으면 우리는 삶을 더 넓은 시각으로 바라볼 수 있다.

불교에서는 '공(空)'의 개념을 강조하며, 우리가 보는 모든 것에는 실체가 없다고 말한다. 집착을 내려놓고 더 깊은 차

원의 시각으로 세상을 바라볼 때, 우리는 보다 자유로운 존재가 될 수 있다.

듣는다는 것 - 진정한 경청의 의미

듣는 것은 단순히 소리를 인식하는 것이 아니다. 진정한 듣기는 마음으로 상대방의 말을 받아들이는 것이다. 우리는 종종 상대의 말을 들으면서도 우리 자신의 생각에 사로잡혀 있다. 상대가 말을 할 때, 우리는 그 말을 온전히 듣지 않고, 다음에 무슨 말을 할지 준비하거나 이미 결론을 내린 상태에서 듣곤 한다.

반야심경에서 말하는 '공(空)'의 개념을 듣기에 적용하면, 우리는 듣는 순간 우리의 마음을 비우고 있는 그대로 받아들일 수 있다. 진정한 경청은 집착 없이, 판단 없이 듣는 것이다. 상대방의 말을 있는 그대로 들을 때, 우리는 더욱 깊이 소통

할 수 있다.

경청은 인간관계에서 가장 중요한 요소 중 하나다. 우리는 남의 말을 들으면서도 우리의 생각을 끼워 넣으려 한다. 하지만 반야의 지혜는 우리에게 말한다. '듣는 순간에 머물라.' 진정한 듣기는 침묵 속에서 이루어지며, 상대를 이해하려는 마음에서 시작된다.

촉각과 감각의 세계 – 손끝에서 느껴지는 진실

촉각은 우리를 세상과 연결하는 중요한 감각이다. 우리는 피부를 통해 온도, 질감, 촉감을 느끼고, 이를 통해 세상을 경험한다. 하지만 우리는 종종 촉각을 당연한 것으로 여기고, 그것이 우리 삶에 얼마나 중요한 의미를 가지는지 잊곤 한다.

예를 들어, 한 아이가 어머니의 손을 잡을 때 느끼는 따뜻함은 단순한 온기가 아니다. 그것은 사랑과 보호, 안심을 주는 감각이다. 마찬가지로, 우리는 따뜻한 차 한 잔을 손에 쥐었을 때 그 온기를 통해 편안함을 느낀다. 이러한 작은 감각들이 우리의 삶에 깊은 영향을 미친다.

불교에서는 몸과 마음이 분리되지 않는다고 말한다. 몸이 느끼는 감각은 곧 마음에 영향을 주며, 우리가 어떤 감각을 어떻게 받아들이느냐에 따라 삶의 질이 달라진다. 감각을 있는 그대로 받아들이고, 집착하지 않는 것이 반야의 가르침이다.

감각을 넘어선 깨달음 – 감각 뒤의 진실을 탐구하다

우리의 감각은 세상을 경험하는 도구이지만, 때로는 그것이 실재를 가리는 장막이 되기도 한다. 우리는 감각을 통해 세계를 인식하지만, 그 감각이 항상 진실을 전달하는 것은 아니다.

예를 들어, 눈앞에 보이는 무지개는 실제로 존재하는 것이 아니다. 그것은 빛의 굴절로 인해 생긴 환상일 뿐이다. 마찬가지로, 우리의 감각도 종종 왜곡된 정보를 전달한다. 감각에만 의존하면 우리는 세상을 있는 그대로 보지 못하고, 편견과 착각 속에 빠질 수 있다.

반야의 가르침은 감각을 뛰어넘는 깨달음을 강조한다. 감각이 전하는 정보를 있는 그대로 받아들이되, 그것에 집착하지 않는 것이 중요하다. 감각 뒤에 숨겨진 더 깊은 진실을 탐구할 때, 우리는 보다 자유로운 존재가 될 수 있다.

감각을 초월한다는 것은 감각을 무시하는 것이 아니라, 그것을 초월하여 더 깊은 차원의 인식을 얻는 것이다. 반야심경이 우리에게 말하는 궁극적인 가르침은, 우리가 보고 듣고 느끼는 모든 것이 본질적으로 공(空)하다는 것이다. 이러한 깨달음을 통해 우리는 감각에 집착하지 않고, 더 넓은 시야로 세상을 바라볼 수 있다.

우리는 감각을 통해 세상을 경험하지만, 그것이 전부가 아니라는 사실을 깨닫는 것이 중요하다. 반야의 가르침은 감각을 있는 그대로 받아들이되, 그 뒤에 숨겨진 진실을 탐구하라고 가르친다.

우리는 눈으로 보지만, 보이는 것이 전부가 아니다. 우리는 귀로 듣지만, 듣는다고 해서 항상 이해하는 것은 아니다. 우리는 손으로 만지지만, 그 촉감이 모든 것을 말해주지는 않는다. 이러한 감각을 초월하여 더 깊은 깨달음을 얻을 때, 우리는 진정으로 자유로워질 수 있다.

감각에 집착하지 않고, 그것을 있는 그대로 받아들이면서도 그 너머의 진리를 탐구하는 것. 그것이 바로 반야의 지혜이며, 우리가 깨달음으로 가는 길이다.

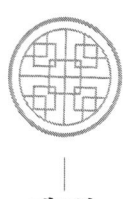

제7부

자연 속의 반야

바람과 물의 흐름 – 자연이 가르쳐주는 무상함

바람이 불고 물이 흐른다. 그것은 멈추지 않는다. 우리가 아무리 붙잡고 싶어도, 바람은 지나가고, 물은 흘러간다. 이는 자연의 이치이며, 반야심경이 말하는 '무상(無常)'의 가르침과도 맞닿아 있다.

사람들은 종종 변하지 않는 것을 원한다. 사랑도, 행복도, 심지어 괴로움조차 그대로 머물러 있기를 바란다. 하지만 자연은 우리에게 알려준다. 아무것도 고정되어 있지 않으며, 모든 것은 흐른다는 것을. 마치 강물이 바위를 감싸 흘러가듯이, 우리 삶도 끊임없이 변화하고 있다. 우리가 그 흐름을 거부하면 괴로워지고, 받아들이면 평온해진다.

한 수행자는 이렇게 말했다. "바람을 잡으려 하지 말고, 바람과 함께 걸어라." 물이 길을 내는 것처럼 우리도 삶의 흐름을 받아들이면 자연스럽게 길이 열릴 것이다. 반야의 지혜는 우리에게 집착하지 않고, 변화 속에서 균형을 찾는 방법을 가르쳐 준다.

자연을 바라보면 우리는 많은 것을 배울 수 있다. 폭풍이 몰아쳐도 언젠가는 다시 고요함이 찾아오고, 거센 파도도 결국은 잠잠해진다. 마찬가지로, 우리 인생에서 찾아오는 고난과 역경도 영원하지 않으며, 그것을 받아들이고 지나가는 과정이 중요하다. 우리는 바람과 물의 흐름을 따라 살아가면서, 삶의 무상함 속에서 지혜를 배울 수 있다.

산속에서의 명상 - 고요함 속에서 찾는 평온

도시의 소음 속에서 살아가는 우리는 종종 조용한 공간을 그리워한다. 하지만 진정한 고요함은 외부에서 오는 것이 아니라, 내면에서 비롯된다. 산속에 들어가 명상을 할 때, 우리는 처음에는 새소리, 나뭇잎이 흔들리는 소리, 바람이 스치는 소리에 집중하게 된다. 그러나 시간이 지나면서 점점 내면의 소리를 들을 수 있게 된다.

산은 변하지 않는다. 우리의 마음이 흔들려도, 산은 그 자리에 있다. 이는 반야의 지혜와도 같다. 우리의 감정과 생각은 끊임없이 변하지만, 그 변화를 지켜보는 의식은 언제나 그대로다. 우리는 산을 바라보며 이 진리를 깨달을 수 있다.

고요한 산속에서 우리는 자연과 하나가 된다. 우리의 고민과 걱정이 사라지는 것은 아니지만, 그것들이 무게를 잃고 가벼워지는 것을 경험하게 된다. 이처럼 명상은 우리를 현재로 돌아오게 하고, 반야의 가르침을 체험할 수 있도록 도와준다.

우리는 산속에서 스스로와 마주하게 된다. 도시에서는 다양한 역할을 수행하며 자신을 잊기 쉽지만, 산속에서는 그 모든 것이 사라진다. 직업도, 사회적 지위도, 인간관계도 없이 오직 나 자신과 마주하는 순간이 온다. 그때 비로소 우리는 내면의 소리에 귀를 기울이며, 진정한 나를 발견할 수 있다.

꽃과 나무의 존재 - 피고 지는 것의 의미

봄이 오면 꽃이 피고, 가을이 오면 낙엽이 진다. 우리는 꽃이 필 때는 기뻐하고, 꽃이 질 때는 아쉬워한다. 하지만 자연은 이를 슬퍼하지 않는다. 꽃이 지는 것은 끝이 아니라, 새로운 생명의 순환을 의미하기 때문이다.

우리 삶도 이와 다르지 않다. 우리는 어떤 순간이 영원히 지속되기를 바라지만, 모든 것은 변한다. 기쁨도, 슬픔도, 사랑도, 이별도 결국은 흐르는 과정 속에 있다. 반야의 가르침은 우리가 이러한 무상함을 받아들이도록 돕는다.

한 그루의 나무를 보라. 바람이 불어도 흔들릴 뿐 쓰러지지 않는다. 그것은 뿌리가 깊이 박혀 있기 때문이다. 우리도 마찬가지다. 외부의 변화에 휘둘리지 않으려면, 내면의 뿌리를 단단히 내려야 한다. 나무처럼 겸손하게, 그러나 흔들리지 않는 마음으로 살아가는 것이 반야의 지혜다.

나무는 가만히 서서 모든 것을 받아들인다. 태풍이 와도 견디고, 가뭄이 와도 참고 기다린다. 인간도 마찬가지다. 인생의 어려움 속에서도 우리는 인내하며, 시간이 흐르면 다시 새로운 꽃을 피울 수 있다. 우리의 삶이 힘들 때, 우리는 나무처럼 묵묵히 서서 변화의 시간을 받아들이면 된다.

동물과 인간 - 본능과 깨달음의 경계

동물들은 순간을 살아간다. 과거를 후회하지 않고, 미래를 걱정하지 않는다. 배고프면 먹고, 피곤하면 쉰다. 인간과 동물의 차이는 무엇일까? 우리는 사고하고, 반성하며, 미래를 계획할 수 있다. 하지만 동시에 우리는 과거에 집착하고, 미래에 대한 불안 속에서 살아간다.

동물들은 반야를 실천하는 존재들이다. 그들은 있는 그대로를 받아들이고, 현재에 집중하며 살아간다. 우리는 그들에게서 배울 수 있다. 불필요한 걱정을 내려놓고, 지금 이 순간을 온전히 살아가는 것이야말로 깨달음에 가까워지는 길이다.

한 수행자는 말했다. "강아지는 우리가 돌아올 것을 믿고 기다린다. 그리고 우리가 돌아왔을 때 기쁨을 표현한다. 인간은 우리가 돌아오지 않을까 걱정하고, 우리가 돌아와도 완벽한 행복을 느끼지 못한다." 우리의 마음이 복잡해질수록, 우리는 행복에서 멀어진다. 동물처럼 단순하게, 현재를 온전히 살아가는 것이 반야의 가르침이다.

동물들은 현재의 순간을 있는 그대로 받아들인다. 우리는 그들에게서 배워야 한다. 미래를 염려하고, 과거를 후회하며 시간을 낭비하는 대신, 지금 이 순간을 온전히 살아갈 때 우리는 비로소 행복할 수 있다.

우주의 공(空) - 무한한 공간 속에서의 나

밤하늘을 바라볼 때, 우리는 광활한 우주 속의 작은 존재임을 깨닫게 된다. 우리는 이 거대한 공간 속에서 살아가지만, 때로는 자신의 고민과 걱정이 세상의 중심인 것처럼 느낀다. 하지만 우주의 시각에서 보면, 우리의 문제는 아주 작은 먼지에 불과하다.

반야심경은 우리에게 '공(空)'의 개념을 가르친다. 즉, 모든 것은 실체가 없으며, 서로 연결되어 있다는 것이다. 우주 속에서 우리는 혼자가 아니다. 모든 것이 서로 영향을 주고받으며 존재한다.

우주는 우리에게 겸손함을 가르친다. 우리가 중요하게 여기는 것들도, 결국은 사라지고 변화한다. 우리가 집착을 내려놓고 넓은 시각으로 세상을 바라볼 때, 우리는 더 자유롭게 살아갈 수 있다.

자연은 우리에게 많은 것을 가르쳐준다. 바람과 물은 변화의 흐름을, 산은 흔들리지 않는 마음을, 꽃과 나무는 무상의 가르침을, 동물은 현재를 살아가는 법을, 우주는 우리의 존재가 얼마나 크고 작은지를 알려준다.

반야의 가르침 속에서 우리는 자유를 얻는다. 자연을 바라보며, 변화 속에서도 평온을 찾는 것. 그것이야말로 반야의 길이다.

제8부

예술 속의 반야

그림 속의 공(空) - 색과 형상의 의미

예술은 단순히 아름다움을 표현하는 것이 아니라, 세상을 바라보는 방식이며, 깊은 사유와 깨달음의 도구가 되기도 한다. 그림 속에서 우리는 단순한 형상과 색을 넘어서 삶의 본질을 바라볼 수 있다. 불교의 선화(禪畵)는 최소한의 선과 여백을 통해 무한한 세계를 담아낸다. 여백이란 단순히 비어 있는 공간이 아니라, 그 자체로 의미를 지닌다. 그것이 바로 반야심경에서 말하는 '공(空)'의 개념과 맞닿아 있다.

동양화에서는 '여백의 미'를 중요하게 생각한다. 그림에서 무엇을 그리는가보다, 무엇을 남겨두는가가 더욱 중요할 때가 있다. 여백은 채우지 않음으로써 더 많은 것을 말할 수 있다. 우리 삶에서도 그렇다. 가득 채우려는 욕망에서 벗어나 비움의 가치를 알게 될 때, 우리는 더 깊은 의미를 발견하게 된다.

반야의 지혜는 우리에게 보이는 것 너머의 본질을 바라보라고 한다. 그림 속에서 단순한 선과 색이 하나의 조화를 이루며, 보는 사람의 마음에 따라 다른 의미로 다가오는 것처럼, 우리의 삶도 마찬가지다. 본질을 이해하려면 집착을 내려놓고, 있는 그대로 바라볼 필요가 있다. 그림을 감상하는 것처럼, 우리의 삶도 그 흐름 속에서 자연스럽게 이해될 것이다.

음악과 명상 - 소리 없는 소리를 듣다

음악은 우리에게 깊은 울림을 준다. 하지만 때때로 우리는 소리가 아니라, 그 소리 사이의 침묵에서 더 큰 의미를 발견하기도 한다. 반야의 가르침은 '색즉시공 공즉시색(色卽是空 空卽是色)'을 통해, 존재하는 것과 존재하지 않는 것이 본질적으로 다르지 않음을 말한다. 음악에서도 마찬가지다. 선율과 선율 사이의 간격이 음악을 더욱 풍부하게 만든다. 소리

없는 소리가 존재하는 것이다.

명상 음악을 들을 때, 우리는 멜로디에 집중하기보다 그 속에서 흐르는 침묵을 느껴야 한다. 침묵 속에서 우리는 마음의 소리를 들을 수 있으며, 그것이야말로 반야의 실천이다. 현대 사회는 끊임없는 소음으로 가득 차 있다. 음악을 통해 우리는 외부의 소음을 차단하고, 내면의 고요함을 발견할 수 있다.

한 스님이 제자에게 물었다. "소리 없는 소리를 들을 수 있느냐?" 제자는 한동안 고민하다가 바람이 부는 소리에 집중했다. 그리고 말했다. "스승님, 바람이 나무를 흔들고 있습니다." 스님은 미소 지으며 말했다. "그것이 바로 네가 들어야 할 소리다." 우리는 모든 것이 말해지지 않아도 이해할 수 있으며, 때로는 침묵이 가장 깊은 메시지를 전달할 수도 있다.

문학 속의 깨달음 – 이야기 속 반야 찾기

문학은 인간의 감정을 담아내고, 삶의 의미를 탐구하는 매체다. 우리는 소설과 시, 전설과 설화를 통해 인간 존재의 본질에 대해 깊이 생각해볼 수 있다. 반야의 지혜는 문학 속에서도 발견할 수 있으며, 많은 고전 문학 작품들은 불교적 사유를 바탕으로 만들어졌다.

가령, 《노자 도덕경》에서 노자는 '무위(無爲)'의 철학을 강조한다. 자연스럽게 흐르는 강물처럼, 억지로 행동하지 않고 자연의 이치에 따르는 것이 가장 큰 지혜라는 것이다. 이는 반야심경에서 말하는 '공(空)'의 개념과 맞닿아 있다. 문학 속에서 우리는 반야의 사유를 발견하고, 그것을 우리 삶에 적용할 수 있다.

또한, 문학은 우리에게 감정을 해소하는 역할을 한다. 슬픔을 표현하는 시를 읽으며 공감하고, 삶의 의미를 되새기는 소설을 읽으며 깨달음을 얻을 수 있다. 문학 속에서 우리는 자신을 발견하고, 반야의 가르침을 실천하는 또 다른 길을 찾을 수 있다.

무용과 자유 – 몸을 통해 표현하는 반야

춤은 언어를 뛰어넘는 표현 방식이다. 우리가 말을 하지 않아도, 몸짓 하나로 감정을 전달할 수 있다. 무용 속에서 우리는 순간에 집중하며, 흐름 속에서 자유를 찾을 수 있다. 이는 반야의 깨달음과도 연결된다.

불교에서는 '선(禪) 무용'이라는 수행 방법이 있다. 명상과 움직임을 결합하여, 몸과 마음을 하나로 만드는 것이다. 이는 단순한 춤이 아니라, 몸으로 수행하는 반야의 실천이다. 우리는 몸을 통해 감정을 해소하고, 내면의 에너지를 자유롭게 흐르게 할 수 있다.

무용은 '지금 이 순간'에 머무르게 한다. 춤을 출 때 우리는 과거나 미래가 아니라, 오직 현재에 집중한다. 이것이 바로 반야의 수행이다. 지금 이 순간을 온전히 살아가는 것. 몸을 움직이며 우리는 삶의 고통과 억압에서 벗어나, 자유를 경험할 수 있다.

영화와 철학 - 스크린 위의 반야심경

영화는 현대인의 철학적 사유를 담는 중요한 매체다. 우리는 영화 속에서 삶과 죽음, 사랑과 집착, 존재와 무상함에 대한 깊은 메시지를 발견할 수 있다. 특히, 불교적 사유를 바탕으로 한 영화들은 반야의 가르침을 시각적으로 전달하는 강력한 도구가 된다.

영화 《붓다》는 석가모니의 생애를 통해 깨달음의 과정을 그

린다. 그는 궁전을 떠나 인간의 고통을 직접 체험하고, 집착과 욕망에서 벗어나 깨달음을 얻는다. 이는 반야심경에서 말하는 '공(空)'의 개념과 직결된다. 우리가 소유하고자 하는 모든 것은 결국 사라질 것이며, 존재 자체가 변하는 과정 속에 있음을 영화는 우리에게 보여준다.

또한, 《클라우드 아틀라스》와 같은 영화에서는 인간 존재의 연속성과 윤회를 탐구한다. 우리의 삶이 단절된 것이 아니라, 서로 연결되어 있음을 보여주며, 이는 불교적 세계관과 맞닿아 있다. 영화는 철학적 사유를 쉽게 풀어내며, 시각적 경험을 통해 반야의 깊은 깨달음을 선사한다.

예술은 인간의 내면을 비추는 거울이며, 반야의 가르침을 표현하는 강력한 도구가 된다. 그림 속의 여백, 음악 속의 침묵, 문학 속의 깨달음, 무용 속의 자유, 영화 속의 철학—all of these are paths to enlightenment. 우리는 예술을 통해 반야의 가르침을 경험하고, 이를 통해 삶의 깊이를 더할 수 있다.

반야의 지혜는 우리 주변에 널려 있다. 예술을 감상하고, 창작하는 순간에도 우리는 반야를 실천할 수 있다.

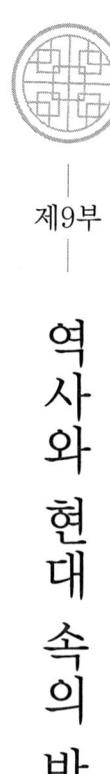

제9부

역사와 현대 속의 반야

고대 불교와 반야 – 초기 불교의 가르침

불교의 시작은 깨달음의 순간에서 비롯되었다. 고타마 싯다르타, 즉 부처는 생로병사의 고통을 목격한 후, 삶의 본질을 탐구하기 위해 출가했다. 오랜 수행 끝에 그는 깨달음을 얻었고, 이 깨달음은 후대에 '사성제(四聖諦)'와 '팔정도(八正道)'로 정리되었다. 초기 불교에서는 현실 세계의 고통을 인식하고, 그 원인을 제거하며, 궁극적으로 해탈에 이르는 길을 강조했다.

그러나 초기 불교에서는 '자아'와 '실재'의 개념을 명확히 규정하지 않았다. 이는 후대 대승불교(大乘佛敎)에서 더욱 깊이 탐구되었으며, 반야심경이 등장하는 계기가 되었다. 초기 불교에서는 '모든 것은 무상(無常)하다'는 교리를 바탕으로 수행의 중요성을 강조했으며, 수행자가 집착을 내려놓고 고요한 명상 속에서 해탈을 추구하도록 했다.

반야의 가르침은 초기 불교의 무상과 무아(無我)의 개념과도 연결된다. 당시 수행자들은 형상을 초월한 깨달음을 얻기 위해 깊은 사유와 명상을 반복했으며, 이러한 전통은 반야사상의 형성에 영향을 미쳤다. 초기 불교의 가르침은 물질적 세계에 대한 집착을 버리고, 내면의 자유를 찾는 것이었다. 이 가르침이 대승불교에서 더욱 발전하면서 반야의 철학적 토대가 마련되었다.

대승불교와 반야 - 공(空)의 철학적 발전

대승불교는 기존의 상좌부(小乘) 불교보다 더욱 포괄적인 깨달음의 길을 제시했다. 초기 불교가 개인의 해탈을 목표로 했다면, 대승불교는 보다 많은 중생이 함께 깨달음을 얻는 것을 목표로 했다. 이 과정에서 반야의 개념이 더욱 체계적으로 발전하게 되었다.

대승불교의 대표적인 경전 중 하나인 반야심경은 '색즉시공 공즉시색(色卽是空 空卽是色)'이라는 문장을 통해, 모든 존재의 본질을 설명하고 있다. 여기서 '색(色)'은 형상과 물질적 세계를 의미하며, '공(空)'은 그 본질이 실체가 없음을 의미한다. 즉, 우리 눈에 보이는 모든 것은 실제로는 변하고 있으며, 영원한 실체로 존재하지 않는다는 것이다.

대승불교의 논리학자였던 용수(龍樹)는 반야의 개념을 더욱 철학적으로 정리하였다. 그는 '중관사상(中觀思想)'을 통해 '공'이란 단순히 아무것도 없는 것이 아니라, 모든 것이 상호의존하며 변하는 과정 속에 있음을 설명했다. 즉, 반야의 공사상은 실재와 비실재의 경계를 허무는 개념이며, 우리의 집착을 내려놓을 때 비로소 자유로워질 수 있음을 가르친다.

이러한 대승불교의 반야사상은 점차 여러 국가로 퍼져 나갔다. 중국, 한국, 일본 등의 불교 전통 속에서 반야심경은 중요한 수행법으로 자리 잡았으며, 반야의 가르침은 단순한 철학적 개념을 넘어 실생활에서 적용될 수 있는 지혜로 발전해

나갔다.

선종과 반야 – 수행을 통한 즉각적 깨달음

대승불교의 발전과 함께 등장한 또 하나의 중요한 흐름이 바로 선종(禪宗)이다. 선종은 수행과 명상을 중심으로 한 불교의 한 갈래로, '문자에 집착하지 않고, 곧바로 본성을 깨닫는다'는 것이 핵심이다. 이는 반야심경의 가르침과도 깊은 연관이 있다.

반야심경은 우리에게 '공'을 이해하라고 가르친다. 그러나 이 '공'이란 단순한 철학적 개념이 아니라, 직접 체험해야 하는 깨달음이다. 선종의 수행자들은 이러한 깨달음을 얻기 위해 깊은 명상에 들고, 순간적인 통찰을 통해 본성을 깨닫는다. 선종에서 강조하는 '돈오(頓悟, 즉각적인 깨달음)'는 반야의 가르침을 실천하는 방법 중 하나라 할 수 있다.

선사들은 종종 제자들에게 직접적인 질문을 던지거나, 난해

한 화두(話頭)를 던짐으로써 집착을 깨뜨리고 즉각적인 깨달음을 유도했다. 예를 들어, 한 선사가 제자에게 "손뼉을 한 손으로 치면 어떤 소리가 나는가?"라고 묻는다. 이 질문은 논리적으로 답을 찾을 수 없는 화두이지만, 깊은 수행 속에서 문득 깨달음을 얻게 되는 순간이 온다. 이는 곧 반야의 공사상을 체험하는 과정이기도 하다.

선종과 반야의 관계는 단순한 철학적 개념을 넘어, 실질적인 수행 방법과 연결된다. 우리가 명상을 하고, 현재의 순간을 온전히 경험할 때, 우리는 자연스럽게 반야의 지혜에 한 걸음 가까워질 수 있다.

불교의 서양 전파 - 서구철학과의 만남

불교는 동양에서 오랜 역사를 거쳐 발전했지만, 20세기에 들어 서양에서도 점차 그 영향력을 넓혀가기 시작했다. 서구의 철학과 심리학이 불교의 가르침과 만나면서, 새로운 사유의 장이 열렸다.

서양 철학에서는 데카르트 이후로 '이성'과 '주체'의 개념이 중요하게 여겨졌지만, 불교의 반야사상은 이러한 개념을 상대화한다. 즉, 우리의 '자아'란 본질적으로 고정된 실체가 아니라, 끊임없이 변화하는 흐름 속에 존재하는 것이라는 점에서 차이를 보인다.

특히, 서구에서 심리학과 불교가 접목되면서, '마음챙김(mindfulness)' 명상이 주목받게 되었다. 이는 반야의 가르침을 현대적으로 해석한 수행법으로, 현재의 순간을 있는 그대로 경험하는 것을 강조한다. 서양의 심리학자들은 불교의 반야사상이 현대인의 불안과 스트레스를 극복하는 데 도움이 된다고 보았다.

이처럼 불교의 반야심경은 동서양의 경계를 넘어, 현대인의 삶 속에서도 실천될 수 있는 지혜로 자리 잡아가고 있다.

현대사회에서 반야심경 읽기 - 오늘날의 의미

우리는 빠르게 변화하는 현대 사회 속에서 많은 것을 경험한다. 물질적인 풍요 속에서도 불안과 스트레스는 더욱 커져가고 있다. 이러한 시대 속에서 반야심경은 우리에게 어떤 가르침을 줄 수 있을까?

반야심경의 핵심은 '공'이다. 즉, 우리가 집착하는 모든 것이 결국 변하고 사라진다는 것을 깨닫는 것이다. 현대 사회에서 우리는 성공, 재산, 명예 등에 집착하며 살아간다. 하지만 반야의 가르침을 따르면, 우리는 이 모든 것이 본질적으로 실체가 없다는 것을 이해하게 된다. 이 깨달음은 우리를 더 자유롭게 만들고, 삶을 더욱 온전히 경험할 수 있도록 도와준다.

결국, 반야의 가르침은 우리에게 단순한 철학이 아니라, 삶을 살아가는 방법을 가르쳐준다. 우리는 반야심경을 통해 집착을 내려놓고, 변화 속에서도 평온을 찾으며 살아갈 수 있다.

심리학에서 본 무아와 공 – 나라는 환상에 대하여

"나는 누구인가?"라는 질문은 철학자들만 던지는 것이 아닙니다. 현대 심리학자들도 이 질문을 반복해서 던집니다. 그리고 그들이 도달한 결론 중 하나는 놀랍게도 반야심경의 가르침, '무아(無我)'와 공(空)'에 아주 가깝습니다.

반야심경은 말합니다. "오온개공(五蘊皆空), 도일체고액(度一切苦厄)", 즉 '나를 구성하는 모든 요소는 공(空)하며, 이것을 깨달으면 모든 괴로움에서 벗어날 수 있다'고. 이는 곧, 우리가 '나'라고 믿고 있는 것이 사실은 끊임없이 변하는 다섯 가지 집합(오온)의 흐름일 뿐이라는 뜻입니다.

현대 심리학도 이와 같은 맥락에서 '자아(self)'를 고정된 실체로 보지 않습니다. 예를 들어, 인지행동치료(CBT)에서는 인간의 생각, 감정, 행동이 모두 서로 영향을 주며 끊임없이 변화한다고 봅니다. 고정된 '나'는 없고, '나는 늘 이렇다'는 믿음이 오히려 문제를 일으킨다는 것이죠.

또한 ACT(수용전념치료)에서는 생각과 감정을 '관찰하는 나'를 강조합니다. 여기서도 핵심은 "생각은 그냥 생각일 뿐이다"라는 통찰입니다. 화가 난다고 해서 '나는 화난 사람'이 되는 것이 아니라, 지금 이 순간 분노라는 감정이 잠시 지나가고 있을 뿐입니다. 이 관점은 반야심경이 말하는 '공즉시색(空卽是色)'과 통합니다. 실체가 없기에 다양한 감정과 모습이 생겨났다가 사라진다는 것. 그것이 곧 '나'의 유연한 실상입니다.

우리는 고정된 자아를 유지하려 애쓰며 고통받습니다. 하지만 그 자아란 결국 기억, 감정, 경험의 조각들이 잠시 모여 있는 상태일 뿐입니다. 반야심경은 그것을 '공'이라 부르고, 심리학은 '비고정성(non-fixed identity)'이라 부릅니다.

두 분야는 서로 다른 언어를 쓰지만, 도달하려는 지점은 같습니다. '나'라는 고정관념에서 벗어날 때, 우리는 더 자유로워질 수 있습니다. 반야심경은 고대의 언어로, 심리학은 현대의 용어로 말하지만, 우리에게 전하는 메시지는 같죠.

당신은 당신의 생각이 아닙니다. 당신은 당신의 감정도 아닙니다. 당신은 그 모든 것을 바라볼 수 있는 존재입니다. 그리고 그것이 바로 공(空)의 지혜입니다.

에크하르트 톨레와 '지금 이 순간'의 만남
– 반야심경의 현대적 언어

"과거나 미래에 있지 말고, 지금 이 순간에 있어라."
이 말은 에크하르트 톨레가 그의 대표작 『지금 이 순간을 살아라(The Power of Now)』에서 끊임없이 강조하는 핵심 메시지입니다. 놀랍게도 이 문장은 1,400여 년 전의 반야심경이 말하고자 하는 '공(空)'의 진리와 완전히 겹칩니다.

에크하르트 톨레는 자아(ego)를 "생각에 붙잡힌 존재"로 정의합니다.

생각은 대부분 과거나 미래에 머뭅니다.
- "내가 왜 그랬을까…"
- "앞으로 어떻게 하지…"
- "저 사람은 나를 어떻게 볼까…"

이 모든 생각은 '지금 이 순간'이 아닌 '시간의 환상' 안에서 태어납니다.

그는 말합니다. "생각은 나 자신이 아니다. 나는 생각을 관찰하는 자이다."

이 점에서 톨레는 반야심경의 가르침, 특히 "무안이비설신의, 무색성향미촉법…"이라는 구절과 철저히 연결됩니다.

반야심경은 말합니다.

"당신이 보는 것, 듣는 것, 느끼는 것, 생각하는 것 모두가 실체가 아니다. 그러니 거기에 집착하지 마라."

공(空)과 지금 이 순간은 같은 진리를 말한다

반야심경에서 말하는 '공'은 무의미함이나 공허함이 아니라, 고정된 실체가 없으며 모든 것이 흐르고 변한다는 통찰입니다.
이와 동시에, '지금 이 순간'이 유일한 실재임을 아는 것이기도 합니다.

지금 이 순간에 머무르면,
- 과거에 대한 죄책감
- 미래에 대한 불안
- 타인에 대한 비교

이 모든 것이 자연스럽게 사라지게 됩니다.

그리고 그 순간, 마음은 '공한 상태', 즉 비어 있으되 깨어 있는 상태로 존재하게 됩니다.
에크하르트 톨레는 이를 "Presence(존재의 현존)"이라 표현합니다.
반야심경은 이를 '반야(般若)', 지혜라고 부릅니다.

이름은 다르지만, 둘은 같은 것을 말합니다.

"지금 이 순간, 무심히 깨어 있는 자리에 있을 때, 우리는 진짜 나와 만난다."

반야심경 × 톨레식 삶의 적용법

상황 1: 마음이 복잡하고 불안할 때
→ "지금 이 순간, 내가 숨 쉬고 있음을 느껴보세요."
→ "지금 이 감정은 지나가는 구름입니다."
→ "그 감정을 나라고 착각하지 마세요."

상황 2: 과거의 실수나 후회에 사로잡힐 때
→ "지금, 그 기억은 생각일 뿐입니다. 당신은 그 생각이 아닙니다."
→ "반야의 지혜는, 과거는 공(空)임을 알아차리는 것입니다."

상황 3: 미래에 대한 불안이 커질 때
→ "미래는 아직 오지 않았습니다. 아직 '실체'가 되지 않았습니다."

→ "공이란, 그 미래의 두려움도 본래 없음을 아는 것입니다."

결론 – 고요 속의 반야, 반야 속의 고요

에크하르트 톨레는 말합니다.
"고요함이 없다면 당신은 누구인가?"

반야심경은 말합니다.
"지혜는 번뇌를 떠난 자리에 있다."

둘은 다른 시대, 다른 문화권에서 태어났지만
우리에게 같은 방향을 가리킵니다.
그것은 어디에도 집착하지 않는 자유.
과거와 미래에서 벗어나, 지금 이 순간, 있는 그대로 존재하는 힘.

그리고 그 자리에 당신 본래의 얼굴이 있습니다.
그 자리가 바로 반야, 깨달음의 자리입니다.

양자물리학과 불교의 공통점
– 실체 없는 세상을 말하다

"모든 물질은 결국 에너지의 파동이다."

이 말은 과학자들이 하는 말일까요? 아니면 불교 수행자의 깨달음일까요?

사실 둘 다 맞습니다.

양자물리학은 20세기 들어 과학의 패러다임을 뒤집은 분야입니다.

그리고 놀랍게도, 양자물리학이 설명하는 세계는 불교의 '공(空)' 개념과 놀라울 정도로 닮아 있습니다.

양자물리학이 말하는 세계 – 관찰 없이는 존재도 없다

고전물리학은 모든 물질이 고정된 입자, 즉 실체로 존재한다고 보았습니다.

하지만 양자물리학은 이렇게 말합니다.

"입자는 관찰되기 전까지는 파동 상태로 존재한다."

즉, 보는 사람이 있기 전까지 그 입자는 '존재하지 않는다'는 것입니다.

이것은 마치 반야심경이 말하는 "색즉시공, 공즉시색"의 현대적 버전입니다.
- 우리가 본다고 믿는 모든 사물은 실체가 없다.
- 그것은 조건과 인식 속에서 생겨난다.
- 관찰자 없이 '존재'란 확정되지 않는다.

이는 곧 "세상은 고정된 것이 아니다", "모든 것은 조건에 따라 일어났다 사라지는 연기(緣起)"라는 불교의 통찰과 동일한 시선을 보여줍니다.

물리학의 실험 – 슈뢰딩거의 고양이와 관찰자 효과
'슈뢰딩거의 고양이' 실험을 들어보셨나요?
이 실험은 고양이가 살아 있으면서 동시에 죽어 있을 수도 있다는, 다소 철학적인 물리학적 상상을 전제로 합니다.

왜냐하면 관찰 전에는 상태가 확정되지 않기 때문입니다.
이 실험은 우리에게 묻습니다.

"무언가가 존재하려면 누군가가 보고 있어야만 하는가?"

불교는 여기에 대해 아주 오래전부터 답해왔습니다.
"그렇다. 모든 것은 관계 속에서만 '존재'하는 것이다."
이것이 바로 공(空)의 철학입니다.

'나는 누구인가'에 대한 과학적 재정의
양자물리학은 인간 또한 에너지의 진동으로 이루어져 있다고 봅니다.
즉, '나'라는 실체조차도 고정된 존재가 아니라, 끊임없이 변화하고 관계 맺는 흐름일 뿐입니다.
불교의 '무아(無我)'와 정확히 일치하죠.

"나는 생각이다."
"나는 감정이다."
이 모든 착각은 '고정된 자아'에 대한 믿음에서 비롯됩니다.
양자물리학은 말합니다.

"확정된 진리는 없고, 오직 관찰된 가능성만 있다."

이 두 문장은, '실체 없는 세상 속 자유'를 말합니다.

결론 – 공(空)은 과학도 도달한 진실이다
반야심경은 종교가 아닙니다. 그것은 존재의 본질을 꿰뚫는 철학이며,
양자물리학이 과학의 언어로 증명하고 있는 것은 바로 그 '실체 없음', 공(空)의 세계입니다.

우리는 이 사실 앞에서 겸손해질 수밖에 없습니다.
그리고 그 순간, 비워진 자리에서 진짜 나를 만나게 됩니다.

자기계발과 공 – 비움이 성장이다

현대는 자기계발의 시대입니다.
"더 나은 내가 되자."
"성공하고, 발전하고, 최고가 되자."
어디를 가든 이런 메시지들이 쏟아집니다.

자기계발은 분명 긍정적인 힘이 있습니다.

하지만 그 과정이 비교, 강박, 과도한 자기비판으로 이어질 때, 우리는 스스로를 몰아붙이다가 지치고 무너지기도 합니다.

이때 필요한 것이 바로 '공(空)'의 시선, 즉 비움의 지혜입니다.

공은 무기력함이 아니라 여백이다

많은 사람들이 '공'이라는 말을 들으면 '포기'나 '허무함'을 떠올립니다.

하지만 불교에서 말하는 공은 그런 부정적인 상태가 아닙니다.

공은 고정된 실체가 없다는 사실을 아는 것,

그래서 모든 것이 변할 수 있다는 가능성의 공간입니다.

즉, 공은 여백이고 확장성이며,

"나는 지금과 다르게 변할 수 있다"는 희망입니다.

'나는 원래 게으른 사람이야' → 그것도 공이다. 바뀔 수 있다.

'나는 이 일에 재능이 없어' → 그 생각조차 조건의 산물일 뿐이다.

'나는 나 자신을 싫어해' → 그 감정은 영원한 것이 아니다.
공은 모든 가능성을 열어주는 내적 리셋 버튼입니다.

비움이 곧 진짜 채움이다
많은 자기계발 서적은 "목표를 세워라", "실행하라", "포기하지 마라"라고 말합니다.
물론 그 말들은 맞습니다.
하지만 목표를 이루기 위해 더 중요한 한 가지가 있습니다.
바로 쓸데없는 욕망, 비교, 자기비난을 먼저 비우는 것입니다.

성장하고 싶다면, 먼저 내려놓아야 할 것들:

남들과 비교하는 마음 – 나의 속도는 나만의 것이다.
완벽하려는 강박 – 실수와 불완전함 속에 배움이 있다.

내가 '이래야만 한다'는 집착 – 내가 만들어낸 고정관념일 뿐이다.

반야심경은 말합니다.

"무무명(無無明), 역무무명진(亦無無明盡)"
→ 무지(어리석음)도 본래 없고, 그것이 사라진다는 것도 없다.
즉, 어리석음도 집착도 환상일 뿐이라는 뜻입니다.
그 환상에서 벗어날 때, 우리는 진짜 성장할 수 있습니다.

실천법 – '성장의 공' 적용하기
다음은 공의 시선을 자기계발에 적용하는 간단한 실천법입니다.

하루 1분, 멈추기
→ 오늘 나는 무엇에 집착하고 있었을까?
→ 그 생각은 과연 진실일까? 아니면 그냥 떠도는 생각일까?

자기 판단 내려놓기
→ 오늘 못했다고 해서 '내가 부족한 사람'이라는 건 아니다.
→ 실수는 과정일 뿐, 나의 본질이 아니다.

욕망을 관찰하기
→ 내가 바라는 건 정말 '나를 위한 것'일까?
→ 아니면 비교와 인정욕구에서 온 것일까?

이 질문들을 습관처럼 던지다 보면,
성장의 방향은 점점 집착이 아닌 여유와 자유를 향하게 됩니다.

결론 – '더 나은 나'는 비움에서 시작된다
반야심경은 우리에게 말합니다.

"무득(無得) 고 보리살타(菩提薩埵), 의반야바라밀다(依般若波羅蜜多)."
얻을 것이 없기 때문에, 보살은 반야바라밀다에 의지한다.

얻을 것이 없다는 말은, 아무것도 하지 말라는 뜻이 아닙니다.
'얻겠다'는 집착에서 벗어날 때, 우리는 오히려 더 많이 배우고 성장할 수 있다는 뜻입니다.

성장은 욕심의 결과가 아닙니다.
비움의 자리에서 피어나는 자연스러운 확장입니다.
그리고 그것이 반야심경이 가르쳐주는 진짜 자기계발입니다.

번아웃 시대의 수행 - 공에서 쉬어가기

우리는 너무 바쁘게 살고 있습니다.

할 일은 늘어만 가고, 잠깐의 여유조차 죄책감을 불러옵니다.

"나는 쉬어도 되나?"

"지금 멈추면 뒤처지는 거 아닌가?"

이런 생각 속에서 우리는 조금씩, 그러나 확실하게 지쳐갑니다.
그리고 어느 날, 더 이상 아무것도 하고 싶지 않은 상태에 이르죠.

이것이 바로 번아웃(Burnout)입니다.

무기력한 나, 깨달음을 만나다

번아웃은 단순한 피로가 아닙니다.

일에 대한 의욕 상실

감정의 메마름

사람들과의 거리감

"내가 왜 사는지도 모르겠는" 공허함

이런 증상은 '나 자신'에 대한 지속적인 집착과 긴장감에서 비롯됩니다.

"나는 잘해야 해."

"나는 쉴 수 없어."

"나는 누구보다 성과를 내야 해."

이 고정된 자아 이미지가 계속해서 나를 몰아붙입니다.
그럴 때 반야심경은 조용히 말합니다.

"무무명, 역무무명진…"
알고 있다는 착각도, 모른다는 불안도 본래는 없다.
무지조차 공하니, 이제 그 집착에서 벗어나라.
공(空)은 쉼이다
'공'은 실체 없음입니다.
하지만 그것은 무가치함이나 허무함이 아닙니다.
오히려 모든 것을 내려놓을 수 있는 자유의 공간입니다.

공은 우리에게 이렇게 속삭입니다.
"당신이 그렇게 힘주고 있는 '나', 그거 원래 없었어요."
"지금 내려놔도 괜찮아요."

"당신은 애써 만들어진 자아가 아니에요. 그냥 존재로 충분해요."

이 말은, 불안과 강박에 지친 현대인에게 너무나도 따뜻한 위로입니다.
그리고 진짜 치유의 시작이기도 합니다.

번아웃 시대의 반야적 수행법
공은 휴식입니다. 하지만 아무 것도 하지 않는 '멈춤'이 아닙니다.
집착 없는 깨어 있음, 그것이 공의 상태입니다.

다음은 번아웃 상태에서 실천할 수 있는
'공의 수행법'입니다.
1. 지금 이 순간, 숨을 느끼세요
→ 할 것도, 계획도 내려놓고
→ "나는 지금 숨 쉬고 있다"는 사실만 느껴보세요.

2. '해야 한다'는 생각을 바라보세요

→ "나는 반드시 해내야 해"라는 생각이 들면,
→ 그 생각을 '나'로 여기지 말고, 잠시 관찰해보세요.

3. 무기력도 내 일부로 받아들이세요
→ "나는 지금 지쳤구나."
→ 판단하지 않고, 그냥 인정하세요.
→ 공은 좋고 나쁨을 나누지 않습니다. 모든 것이 잠시 머물다 갑니다.

4. 매일 10분, 아무것도 하지 않기
→ 공의 상태는 '무위(無爲)'에서 열립니다.
→ 단순히 멍하니 있거나, 조용히 숨을 바라보세요.
→ '존재 그 자체로 충분하다'는 감각을 회복하는 시간입니다.

결론 – 쉼은 수행이다
반야심경은 해탈의 경전이지만,
동시에 지친 마음에게는 쉼의 경전이기도 합니다.

공은 우리에게 말합니다.

"당신은 완벽하지 않아도 된다."
"당신은 무언가를 해내지 않아도, 이미 괜찮다."
"당신이 지금 이대로 존재하는 것, 그것이 이미 충분하다."

번아웃의 시대에 가장 필요한 수행은
'쉬는 것', 그리고 '있는 그대로를 받아들이는 것'입니다.

쉬는 것도 용기입니다.
그리고 그 쉼의 자리에서,
당신은 다시 진짜 나를 만나게 될 것입니다.

사회 속의 나, 역할에서 벗어나기
– '나는 누구인가' 다시 묻기

우리는 하루에도 수많은 '역할'을 수행합니다.
– 직장에서는 팀장, 사원, 대표
– 가정에서는 아들, 딸, 부모, 배우자

- 사회에서는 시민, 소비자, 친구, 경쟁자

이 모든 이름들이 마치 '나'인 듯 느껴집니다.
그래서 우리는 이렇게 말하곤 하죠.
"나는 엄마다."
"나는 회사원이야."
"나는 리더가 되어야 해."

하지만 어느 날, 문득 이런 질문이 떠오릅니다.
"그럼, 이 모든 역할이 사라지면 나는 누구지?"

사회적 자아는 진짜 자아일까?
현대 사회는 '역할 중심'으로 구성되어 있습니다.
사람을 볼 때도, 자신을 평가할 때도 그 사람이 수행하는 역할로 정체성을 규정하죠.

- 직업이 없으면, 무가치하게 느끼고
- 타인의 기대를 충족시키지 못하면, 죄책감을 느끼며
- 실패하면, 나라는 존재 전체가 무너진 듯 느낍니다.

하지만 반야심경은 이렇게 말합니다.

"오온개공(五蘊皆空), 도일체고액(度一切苦厄)"
우리를 구성하는 모든 요소는 공(空)하므로, 그 실체를 고집하지 않을 때 고통에서 벗어난다.

'역할'도 마찬가지입니다.
그 역할은 상황과 조건에 따라 주어졌을 뿐, 절대적인 나의 본질이 아닙니다.
우리는 그저 역할을 '하고' 있을 뿐, 그것이 '나' 그 자체는 아닌 거죠.

나는 '회사원'인가, 아니면 존재 그 자체인가?
예를 들어봅시다.
당신이 다니던 회사를 그만뒀다고 해봅시다.
그 순간 '직장인'이라는 사회적 정체성이 사라집니다.
그러면 나는 '존재하지 않는' 사람이 되는 걸까요?

아니죠.

직장을 잃었을 뿐, 나는 여전히 살아 있고, 숨 쉬고, 느끼고, 존재하고 있습니다.

반야심경은 말합니다.
"무안이비설신의, 무색성향미촉법…"
즉, 감각기관도, 대상도, 인식도 본래 실체가 없다.
그 말은 곧, '나'라고 믿었던 모든 역할과 정체성도 허상일 수 있다는 뜻입니다.

'나는 누구인가'라는 질문에 자유로워지기
사회가 요구하는 '나'
가족이 기대하는 '나'
내가 만들어낸 '이상적인 나'
이 모든 것들은 잠시 머물렀다 사라지는 파도일 뿐입니다.
그 안에서 진짜 나는 흐름을 지켜보는 관찰자,
즉, 역할이 아니라 존재 그 자체입니다.

그래서 우리는 이렇게 되묻게 됩니다.
"나는 이 역할이 아니면 아무것도 아닌가?"

"이 일이 없으면 나는 무가치한 존재인가?"
"내가 만든 '나답게 살아야 한다'는 기준은 정말 진실일까?"

이 질문들을 통해 우리는 점점 더
깊이 있는 나,
조용한 나,
가면을 벗은 나에게 다가갑니다.

실천: 역할에서 나를 분리하는 연습
하루 10분, 아무 역할도 하지 않는 시간 갖기
→ 직장인도, 엄마도, 누구의 친구도 아닌 시간
→ 단순히 숨을 쉬며 '존재하는 나'를 느껴보기

자기소개에서 '역할' 대신 '느낌'으로 말해보기
→ "저는 마케팅 부장입니다" → "저는 요즘 걷는 게 좋아요."
→ 역할이 아니라 나의 살아 있는 감각을 나누기

실패, 거절, 실직 앞에서 이렇게 말하기

→ "나는 이 역할을 잃었을 뿐, 나 자체는 사라지지 않았다."
→ "나는 언제나 나다. 역할은 바뀔 수 있다."

결론 – 역할이 아니라 존재로 살아가기
반야심경은 우리에게 말합니다.

"무득(無得), 고 보리살타(菩提薩埵)."
얻을 것이 없기 때문에, 보살은 자유롭다.

사회는 끊임없이 "무언가 되라"고 말합니다.
하지만 반야심경은 속삭입니다.
"이미 충분하다. 너는 존재 그 자체로 아름답다."

역할을 내려놓는다고 무의미해지는 것이 아닙니다.
오히려 그 순간, 가장 본질적인 나, 가장 평화로운 나가 드러납니다.

그 자리에, 진짜 깨달음이 있습니다.

죽음을 마주하는 마음의 자세
– 끝을 두려워하지 않는 법

우리는 언젠가 반드시 죽습니다.
그 누구도 예외는 없습니다.
하지만 많은 사람들은 이 명확한 진실을 피하고, 외면하고, 두려워합니다.
죽음을 생각하면 마음이 불편하고, 그 두려움은 말로 설명하기 어려울 만큼 깊습니다.

하지만 반야심경은, 죽음을 그저 '끝'이라고 보지 않습니다.
오히려 죽음이야말로 공(空)의 진리를 가장 깊이 체험할 수 있는 순간이라고 말합니다.

죽음은 사라짐이 아니라 변화다
불교는 죽음을 '소멸'이 아니라 '변화'로 봅니다.
반야심경의 핵심 구절인 "색즉시공 공즉시색",
즉, 모든 형상(색)은 본래 비어 있으며, 비어 있기에 다양한

형상으로 나타난다는 이 말은
죽음에도 똑같이 적용됩니다.

- 우리가 죽을 때, 몸은 사라지지만
- 의식은 다른 형태로 흘러가고
- 기억과 흔적은 이 세상에 남습니다

모든 존재는 공(空)이기에,
죽음은 '완전한 끝'이 아니라
한 형태가 사라지고 또 다른 흐름으로 이어지는 과정입니다.

반야심경은 두려움을 없애는 경전이다
반야심경은 다음과 같이 말합니다.

"무가애고 무유공포…"
이 마음에 걸림이 없고, 걸림이 없으니 두려움도 없다.

이 구절은 곧,
"죽음을 두려워하는 마음도 사실은 집착에서 온 것이다"라고 말합니다.

- 내가 사라진다는 집착
- 삶을 통제하고 싶다는 집착
- 이대로 계속 살아야 한다는 욕망

이러한 집착을 내려놓으면,
죽음은 더 이상 두려운 것이 아니라 존재의 일부로 받아들여지는 자연스러운 흐름이 됩니다.

죽음을 받아들이는 삶의 태도
죽음을 진지하게 마주한 사람만이
진짜로 살아갈 수 있다는 말이 있습니다.

매일이 마지막이라면, 지금 이 순간은 더 소중합니다.
사랑도, 말도, 숨도, 당연한 게 없다는 걸 알게 됩니다.
'나'라는 존재에 대한 집착도 자연스럽게 느슨해집니다

반야심경의 공 사상은

'모든 것은 변하고, 사라지며, 본래 실체가 없다'는 사실을 알려주며,
그 덕분에 우리는 더 깊이 삶을 느끼게 됩니다.
왜냐하면 끝이 있기에 지금 이 순간이 더욱 귀하기 때문입니다.

실천: 죽음을 통해 삶을 더 깊이 사는 연습
1. 하루 5분, '죽음'을 조용히 떠올려보기
→ 무섭다고 피하지 말고, 담담하게 상상해보세요.
→ "지금 이 삶이 내게 얼마 남지 않았다면?"
→ 그러면 해야 할 말, 해야 할 일이 달라집니다.

2. 나의 집착을 돌아보기
→ 죽음 이후까지 가져갈 수 없는 것들에
→ 내가 얼마나 매달려 있었는지 관찰해보세요.

3. 소중한 사람에게 표현하기
→ 살아 있을 때, 사랑한다고 말하세요.
→ 반야심경은 늘 말합니다. 모든 것은 공하고, 사라질 수

있습니다.
→ 그래서 더 빨리, 더 자주, 더 깊이 사랑하라고.

결론 – 죽음을 깨달을수록 삶은 빛난다
반야심경은 죽음을 부정하지 않습니다.
오히려 죽음을 이해하는 것이 삶을 이해하는 길이라고 말합니다.

죽음을 바라보는 눈이 바뀌면
– 삶의 불안이 줄어들고
– 사람에 대한 태도가 부드러워지고
– 순간순간이 기적처럼 느껴집니다

그리고 그 모든 순간이
깨달음의 길, 반야의 길입니다.

죽음을 통해
우리는 더 단단하게, 더 온전히, 더 자유롭게 살아갈 수 있습니다.

그리고 그 삶은,

공에서 비롯된 진짜 자유로운 삶입니다.

반야심경과 타인의 고통에 반응하기
   - 연민은 공에서 자란다

우리는 살아가며 타인의 고통을 자주 마주합니다.

- 친구의 슬픔
- 가족의 아픔
- 사회적 약자의 외침
- 전쟁과 재난 속의 비극

이럴 때 우리는 마음이 아프고,

어떤 때는 그 아픔을 어떻게 감당해야 할지 몰라

외면하거나 무뎌지기도 합니다.

하지만 반야심경은 고통 앞에서 더 깊이 반응하는 법을 알려

줍니다.

그 핵심은 바로 공(空)이라는 지혜와,

그 지혜에서 피어나는 연민(憐憫)과 자비(慈悲)입니다.

공(空)은 고통을 외면하는 철학이 아니다

많은 사람들이 "모든 것은 공하다"라는 말을 무관심이나 무감정 상태로 오해합니다.

"어차피 다 공한데, 뭐가 중요해?"

"다 사라질 거면 고통도 아무것도 아니지."

하지만 그것은 반야심경을 잘못 이해한 것입니다.

공은 고통의 무의미함을 말하는 것이 아니라,

고통에 빠지지 않고, 더 깊이 이해하고 끌어안을 수 있게 하는 지혜입니다.

고통은 고정된 실체가 아니기에, 변화할 수 있습니다.

내가 겪는 고통도, 타인이 겪는 고통도 잠시 머물다 가는 파도입니다.

그래서 우리는 고통에 휘둘리지 않고, 함께 머무를 수 있는 여유를 갖게 됩니다.

연민(Compassion)은 공의 또 다른 이름이다
반야심경의 깨달음은 '나'라는 경계를 허물고,
나와 타인을 가르는 의식의 벽을 무너뜨리는 것입니다.
이 순간 우리는 진심으로 타인의 고통을 내 일처럼 느낄 수 있는 마음,
바로 연민의 감정을 품게 됩니다.

불교에서는 이를 자비(慈悲)라고 부릅니다.
'자(慈)'는 사랑,
'비(悲)'는 슬픔을 함께 느끼는 마음입니다.

공의 눈으로 보면,
타인의 고통도 '그 사람만의 것'이 아니라
내 안에 있는 고통과 연결되어 있음을 자각하게 됩니다.

"모든 중생은 서로 연결되어 있다.
나의 해탈은 곧 너의 해탈이어야 한다."

이것이 보살(菩薩)의 길이며,
반야심경의 깊은 가르침입니다.

타인의 고통에 반응하는 공의 태도
공의 태도는 이렇습니다.

판단하지 않고 바라보기
→ 그 사람이 왜 힘든지, 내가 정확히 알 수는 없습니다.
→ 하지만 '이해하려는 태도'만으로도 그 사람은 위로받습니다.

감정에 휘둘리지 않기
→ 타인의 고통을 함께 느끼되, 빠지지 않기.
→ 내가 먼저 가라앉으면 아무도 도울 수 없습니다.
→ 그래서 공의 중심은 늘 자각하고 깨어 있는 마음입니다.

조용한 지지와 동행
→ 말보다 침묵이 더 위로가 될 때가 많습니다.
→ 함께 있는 것만으로도 충분한 순간이 있습니다.

실천: 반야적 연민의 일상 실천법

1. 누군가의 고통에 "괜찮아" 말 대신 "지금 많이 힘들겠구나"라고 말하기

→ 공감은 빠른 해결보다 깊은 수용에서 나옵니다.

2. 뉴스나 사회적 사건을 볼 때, '나와 무관한 일'이라 생각하지 않기

→ 고통은 다르지 않습니다. 그 아픔은 결국 우리 모두의 것입니다.

3. 작은 친절이라도 실천하기

→ 누군가의 하루를 밝히는 건 거창한 철학이 아니라,

→ 공에서 태어난 한마디 말, 하나의 행동일 수 있습니다.

결론 – 진짜 깨달음은 결국 '함께함'이다

반야심경은 지혜의 경전이지만,

그 지혜는 결국 사랑과 연결되어야 완성됩니다.

공을 안다는 것은 나만의 고통에서 벗어나는 것이 아니라,

타인의 고통에 더 민감하게 반응하고, 더 따뜻하게 살아갈 수 있게 된다는 뜻입니다.

- 나를 넘어서 타인을 보고,
- 판단을 넘어서 이해하려 하고,
- 거리감을 넘어서 함께 머무를 수 있을 때

우리는 진짜 보살의 길을 걷고 있습니다.
그리고 그 길 위에,
반야심경이 있습니다.

보살로 살아가기 - 이타의 철학

반야심경은 단지 나를 위한 수행의 길을 제시하지 않습니다.
이 경전의 진정한 목적은 모든 존재가 함께 해탈하는 길,
즉 '보살(菩薩)'로서의 삶을 제안하는 데에 있습니다.

"보리살타(菩提薩埵), 의반야바라밀다(依般若波羅蜜多)."
보살은 반야바라밀다(지혜의 완성)를 의지해 깨달음을 얻는다.

여기서 말하는 '보살'은 깨달음을 이룬 존재가 아닙니다.
오히려 자신도 깨달음을 향해 나아가면서, 타인도 함께 이끌어가는 사람,
즉 이타(利他)의 삶을 실천하는 존재입니다.

보살은 특별한 존재가 아니다
불교를 잘 모르는 이들은 "보살" 하면
마치 성인(聖人)이나 초월적인 존재처럼 느낄 수 있습니다.
하지만 반야심경이 말하는 보살은 특별한 누군가가 아니라,
모든 이가 될 수 있는 삶의 방향성입니다.

- 이타적인 마음
- 타인의 고통에 반응하는 자세
- 자신보다 '우리'를 먼저 생각하는 실천

이것은 누구나, 오늘부터 시작할 수 있는 보살의 삶입니다.

보살의 핵심: 나를 벗어나 너에게로
우리는 너무 오랫동안 '나' 중심의 세계에서 살아왔습니다.
- 내 목표
- 내 감정
- 내 성공
- 내 행복

하지만 반야심경은 '무아'와 '공'을 통해 말합니다.
"진짜 행복은 나라는 중심을 무너뜨릴 때 찾아온다."

이때 보살의 길이 시작됩니다.
그 길은 단순히 '타인을 돕는다'는 선행이 아니라,
타인과 나의 경계가 허물어지는 자리에서 피어나는 삶의 방식입니다.

보살의 마음을 갖는다는 것
보살의 삶은 거창한 것이 아닙니다.

일상 속에서, 아주 작게 실천할 수 있습니다.

예:
– 내 기분보다 상대방의 감정을 먼저 생각해보기
– 남의 실수를 비난하기보다 이해해보려는 시도
– 누군가가 힘들다고 말할 때, 먼저 조용히 들어주는 태도
– 하루에 한 번, 누군가를 위해 '아무 대가 없이' 행동해보기

이런 순간들이 쌓이면,
우리는 어느새 세상의 온도를 조금씩 바꾸는 존재가 됩니다.
반야의 지혜는 이타 속에서 완성된다
지혜는 머리에서 끝나는 것이 아닙니다.
진짜 지혜는 행동으로 이어져야 의미가 있습니다.
그리고 그 행동은 결국,
타인을 위한 실천 속에서 깊어집니다.

그래서 보살은 지혜(반야)와 자비(자비심)를 하나의 길로 봅니다.

지혜는 자비를 가능하게 하고
자비는 지혜를 깊어지게 합니다

그 두 가지가 조화를 이루는 삶이 바로 보살의 삶이며,
반야심경이 가르쳐주는 진정한 깨달음의 방향입니다.

실천: 나도 보살로 살아보기
하루에 한 번 '내가 아닌 타인을 위한 행동' 하기
→ 목적 없이, 계산 없이
→ 그 순간만큼은 '내가 아닌 우리'에 집중해보기

"이건 나랑 상관없어"라는 생각을 멈춰보기
→ 타인의 아픔, 뉴스 속 사건, 주변의 작은 일들
→ 그 안에서 '연결됨'을 느끼는 감각 회복하기

'내가 옳다'는 생각을 잠시 내려놓기
→ 상대의 입장을 먼저 상상해보고, 판단을 유예해보기

결론 – 보살은 멀리 있지 않다

보살은 절에 있는 부처상도,
경전에만 나오는 이상적 인물도 아닙니다.
당신이 누군가에게 따뜻한 말 한마디를 건넬 때,
이미 보살의 길을 걷고 있는 것입니다.

반야심경은 말합니다.

"무가애고 무유공포…"
걸림이 없고 두려움이 없기 때문에, 모든 고통을 넘어서게 된다.
그 경지에 도달하는 길은 멀고 어려워 보일 수 있지만,
그 첫걸음은 아주 작고 사소한 것에서 시작됩니다.

지혜로 보고, 자비로 반응하고, 이타로 살아가는 삶.
그것이 바로,
'반야심경을 살아내는 삶'입니다.

기술, 소셜미디어, 욕망에서 자유로워지기
- 디지털 시대의 반야 수행

우리는 스마트폰 없이 하루를 보내기 어렵습니다.

눈을 뜨면 알림을 확인하고, SNS를 보고,

뉴스를 스크롤하며 하루를 시작합니다.

누구의 일상은 더 멋지고

누구는 더 성공해 보이고

나보다 나은 사람들 사이에서

나의 위치를 확인하고, 비교하고, 흔들립니다.

이제 욕망은 더 이상 내 안에서만 생기지 않습니다.

기술이 욕망을 만들어냅니다.

그리고 그 욕망은, 나라는 존재를 끊임없이 부족하게 느끼게 합니다.

'디지털 자아'에 갇힌 진짜 나

소셜미디어는 우리에게 보여지는 자아를 강조합니다.

더 예쁜 사진

더 완벽한 말

더 많은 '좋아요'

더 부러운 삶의 장면들

우리는 점점 **'보여주기 위한 나'**에 익숙해지고,

진짜 나의 감정, 생각, 고요함은 뒤로 밀려나기 시작합니다.

하지만 반야심경은 말합니다.

"무안이비설신의, 무색성향미촉법…"

감각도, 감각의 대상도 본래 실체가 없다.

즉, 눈으로 보는 것에 집착하지 말라.

그 모든 것은 잠시 반짝였다 사라지는 파도일 뿐이다.

욕망은 어떻게 만들어지는가

과거에는 우리가 필요로 하는 것을 '원했다면',

이제는 원하도록 설계된 것을 욕망합니다.

알고리즘이 보여주는 콘텐츠
광고가 자극하는 소비 욕망
비교가 일으키는 소유 욕망

이 모든 자극은
"지금 이대로의 나로는 부족하다"는 메시지를 끊임없이 주입합니다.
그렇게 우리는 더 갖고, 더 이뤄야만 안심할 수 있는 사람처럼 살아갑니다.

하지만 반야심경은 정반대의 이야기를 전합니다.
"무득(無得)" - 얻을 것이 없다.
얻으려는 집착에서 벗어날 때 비로소 자유로워진다.

디지털 시대의 반야 수행법
공(空)의 시선은
이 모든 자극과 욕망을 한 걸음 떨어져 바라보게 해줍니다.

다음은 현대인의 삶에 적용할 수 있는

'디지털 반야 수행'입니다.

1. 하루 10분, 디지털 디톡스 하기
→ 스마트폰을 내려놓고,
→ 아무것도 하지 않으며 가만히 내 숨을 느껴보세요.
→ 욕망의 자극 없이 '지금 여기'를 회복하는 시간입니다.

2. 소셜미디어에서 '비교'가 올라올 때 알아차리기
→ "나도 저렇게 돼야 해"라는 생각이 들면
→ 그 생각을 '진짜 내 것인가?' 되물어보세요.

3. 나의 욕망을 적어보고, 하나씩 내려놓는 연습
→ "나는 왜 이것을 원할까?"
→ 그것이 진짜 필요한가, 아니면 만들어진 욕망인가?

4. '있는 그대로의 나'를 받아들이는 문장 만들기
→ "지금 이대로도 괜찮다."
→ "비어 있는 나도, 충분히 충만하다."

결론 – 기술 속에 있으되, 욕망에 휘둘리지 않기

기술은 사라지지 않습니다.

우리는 계속해서 스마트폰을 사용하고, 정보를 소비하며 살아갈 것입니다.

중요한 것은 그것을 어떻게 바라보는가입니다.

반야심경은 우리에게 '정보를 거부하라'고 말하지 않습니다.

그 대신,

"그 정보에 휘둘리지 말라"고 말합니다.

"그 욕망이 진짜 너의 것이 아님을 알아차려라."

소유보다 비움,

비교보다 자각,

끌림보다 머묾을 선택할 수 있다면,

우리는 기술 시대에도 자유로운 사람이 될 수 있습니다.

공의 눈으로 기술을 바라볼 때,

디지털 세상에서도 우리는 반야의 길을 걸을 수 있습니다.

집착 없는 풍요, 소유 없는 자유
– 공으로 사는 부유한 삶

집착이 풍요를 가린다

우리는 풍요롭고 싶어 합니다.

하지만 동시에, 잃는 것이 두렵고

남들과 비교하며

"지금은 부족해"라고 느끼기 쉽습니다.

– 돈이 생겨도, 더 많은 돈이 필요하고

– 시간이 생겨도, 여전히 바쁘고

– 관계가 있어도, 외로움은 사라지지 않습니다

왜일까요?

그것은 우리가 가진 것이 부족해서가 아니라,

그것을 놓지 못하기 때문입니다.

집착은 가진 것을 가리지 않고 고통을 낳습니다.

있는 것을 가지고도 괴로워하고,
없는 것을 쫓느라 마음을 놓지 못합니다.

반야심경은 이렇게 말합니다.

"무득(無得)" - 얻을 것이 없기 때문에 자유롭다.

공(空)은 진짜 풍요의 시작이다
공은 "아무것도 없다"는 철학이 아닙니다.
오히려 고정된 실체가 없기 때문에, 모든 것이 가능하다는 말입니다.

- 내가 지금 누리고 있는 것들,
- 내가 잃을까 두려워하는 것들
- 내가 꼭 이뤄야 한다고 생각하는 것들

이 모든 것이 영원하지 않기에,
우리는 그 순간순간을 더 깊이 느끼고
더 감사하며 살아갈 수 있습니다.

공은 말합니다.
"집착하지 않을 때, 진짜 풍요가 시작된다."

소유보다 존재에 집중하기
우리는 종종 이렇게 말합니다.
"나는 아무것도 가진 게 없어."
"나는 저 사람처럼 못 살아."
"나는 아직 부족해."
하지만 존재는 소유로 측정할 수 없는 것입니다.
당신이 지금 느끼고 있는 호흡,
당신이 곁에 둔 한 사람,
당신이 매일 오고 가는 그 햇빛과 바람,
이 모든 것이 '지금'의 풍요입니다.

공의 눈으로 보면,
소유하지 않아도 충만할 수 있고,
비워졌기에 더 넓어질 수 있습니다.

실천: 공으로 풍요를 누리는 법

1. 내가 이미 가진 것 적어보기

→ 물질이든, 관계든, 경험이든

→ '지금'의 풍요를 인식하는 연습

2. 집착을 내려놓는 문장 만들기

→ "이것이 사라져도 나는 여전히 나다."

→ "나는 내가 가진 것보다, 존재 자체로 가치 있다."

3. 하루 5분, '소유 없는 자유'를 상상해보기

→ 아무것도 가지지 않아도 평온한 상태

→ 그 상태에서도 미소 지을 수 있다면, 이미 충분합니다

결론 – 비웠기에, 나는 더 충만하다

반야심경은 단호히 말합니다.

"무지무득(無智無得), 이고 무소득고 보리살타(菩提薩埵)"
얻을 것이 없기 때문에, 보살은 자유롭다.

우리는 더 많은 것을 가지려고 애쓰지만,
진짜 자유는 **가짐이 아니라, '가짐에 얽매이지 않음'**에서 옵니다.

풍요는 소유의 양이 아니라, 집착의 유무로 결정됩니다.
공의 마음으로 보면,
우리는 이미 아주 많은 것을 누리고 있습니다.

소유하지 않아도,
자유롭게 웃을 수 있다면
그것이 진짜 부자입니다.

반야심경, 오늘의 나를 위한 경전

우리는 복잡한 시대를 살고 있습니다.
- 정보는 넘쳐나고,
- 선택은 끊임없으며,

- 사람들은 빠르게 바뀌고,
- 나라는 존재는 자꾸 흔들립니다.

이처럼 **'나는 누구인가'**를 잃어가기 쉬운 이 시대에,
반야심경은 단 270자의 짧은 문장으로
우리에게 길을 보여주는 경전입니다.

−반야심경은 고대의 텍스트가 아니라 '지금'의 지혜다
많은 사람들이 반야심경을
절에 가서 외우는 고리타분한 불경,
혹은 스님들만 아는 철학이라 생각합니다.

하지만 반야심경을 깊이 읽어보면,
이 경전이 얼마나 현대적인 통찰을 담고 있는지 놀라게 됩니다.

"색즉시공 공즉시색"
"무안이비설신의…"
"무가애고 무유공포…"

이 구절들은

- 고정된 자아에 대한 의문,
- 감정과 생각에 휘둘리지 않는 마음,
- 존재의 본질을 통찰하는 지혜를 담고 있습니다.

즉, 이 경전은 '지금 여기'에서 흔들리는 우리를 위한 지도입니다.

반야심경은 현대인의 내면을 위한 처방전이다

현대인은 늘 불안합니다.

잘하고 있는 걸까?

나는 괜찮은 사람일까?

내 삶은 의미가 있는 걸까?

반야심경은 이 모든 질문에 대해 말하지요.

"그 질문들 자체가 집착이다."

"그 생각조차 실체가 없다."

"있는 그대로의 당신은 이미 자유롭다."

이 말은 우리에게 큰 안도감을 줍니다.
반야심경은 불안을 없애는 것이 아니라, 불안에 휘둘리지 않는 힘을 줍니다.

하루에 한 문장, 마음에 심는 반야
반야심경은 길게 외우지 않아도 됩니다.
하루에 한 문장만 떠올려도,
그날의 삶이 달라질 수 있습니다.

예:
"색즉시공 공즉시색"
→ 내가 보는 것, 느끼는 것, 모두 변할 수 있다는 사실을 기억하기

"무득(無得)"
→ 얻지 않아도 괜찮다는 사실, 지금 그대로도 충분함을 되새기기

"무가애고 무유공포(無罣礙故 無有恐怖)"
→ 마음에 걸림이 없을 때, 두려움도 없다는 평온함의 자리로 돌아가기

실천: 오늘의 나를 위한 반야심경 활용법
반야심경 필사 한 줄씩 하기
→ 매일 한 구절을 손으로 써보며, 그 의미를 곱씹어보기

명상 중 한 문장을 마음속으로 반복하기
→ "색즉시공"이라는 말과 함께 호흡을 바라보기

불안하거나 흔들릴 때, 문장 한 줄 떠올리기
→ "지금 이 감정도 공이다. 머물지 않는다."

이러한 작은 실천이 우리를 더 단단하게, 더 부드럽게, 더 자유롭게 만들어줍니다.

결론 – 반야심경은 당신의 오늘을 위한 책이다
반야심경은 1,400년 전에 쓰였지만,

그 안의 지혜는 오히려 오늘을 살아가는 우리에게 더 적합합니다.

자아에 대한 고정관념에서 벗어나고
감정과 욕망을 흘려보내며
존재의 고요한 중심을 되찾고 싶을 때

이 짧은 경전은 늘 침묵 속에서 우리를 기다리고 있습니다.

당신이 반야심경을 펼치는 순간,
그 안에 있던 지혜는 '당신의 이야기'가 됩니다.
그리고 그 순간부터,
당신의 삶은 조용히, 그러나 분명히 달라지기 시작합니다.

에필로그...

말의 무게

사람은 누구나 자신의 주관을 가지고 살아갑니다.

하지만 주관이란게 자기만의 주관에 머물러 있으면 다툼도 없고 만남의 불편함도 없는 것입니다.

보이지 않는 자기만의 생각이 모두에게 같을 것이라는 착각을 하고 살아가는 인생도 있는 것입니다.

하지만 나의 생각이 나의 지식이 나의 자리가 다른 이의 우위에 있다고 생각을 가지는 순간 대화는 말에 불과할 뿐이지요.

나의 지식이 내 안에서의 아는 것에 불과하다고 생각하고 나의 자리가 주위에 머무는 것이라는 것을 알면 대화도 듣는

쪽으로 갈것이며 나의 앎에 자만심을 가지면 대화의 주도권을 쥐려고 합니다.

대화의 주도권를 쥐면 어느순간에 말의 실수가 생겨나고 그 말이 꼬리에 꼬리를 물고 괴물로 나타나서 자신을 삼키려 드는 것입니다.

주관은 나의 생각에 머물러야지 남이 알아주기를 바라는 것은 위험한 발상인 것입니다.

또 다른이의 생각이 틀렸다면 원인이 무엇인지 물어볼 수 있는 여유로운 지혜를 가지는 것도 주위의 칭찬의 대상이 될 수 있는 것입니다.

나와 틀리다고 틀린 것이 아니고 내가 맞다고 맞는 것이 아니라

그것은 오로지 자기만의 본인의 과대평가된 잘못된 생각일 것입니다.

잘못한 말이 있으면 귀가 두 개 있는 이유을 깨닫고 흘려버리고 좋은 말을 두 귀로 같이 들어서 머리에 가두어 두는것이 부처님의 가르침이겠지요.

인생사 모든 것이 조그만 말의 오해와 잠깐의 잘못된 행위

로 지탄을 받을 수 있는 것입니다. 말을 할때는 상대방을 배려하는 표현을 사용하고 들을 때는 상대방의 의중을 생각하고 듣는 배우고 실천하는 불자로 살아갑시다.

南無阿彌陀佛　因修

왜?

나의 행위가 나이 탓인가.

말이 앞서는 경우가 많아진다.

말이 먼저 앞서가고 행이 따라가는 삶이 왠지 무섭다.

버려야 한다. 잘못된 습관을…

행이 앞서고 말이 뒤를 따라야 하는데

마음으로는 가능한데

그 마음이 머리에 전달되기전에 말이 되어 나타난다.

부끄럽다. 책임없는 말이 된다.

책임이 없는 말은 말이 아니요, 신의를 흐트리는 것이요. 변명의 씨앗으로 나타난다.

신중해지자, 나이탓으로 돌리지 말고

가혹해지자, 말의 filtering(필터링)을 청결하게

탓하지 말자.

모든 원인이 나에게 시작해서 나에게 오는 것입니다.
인과응보(因果應報)

因修

가을의 초입에서 나름의 생각을 한마디 .....

사람은 살아가면서 남의 일에 너무나 많은 관심을 가지고 계신 분들이 간혹 있지요.

그런 분들의 생각은 남의 잘못이 나의 행복인냥 자랑질을 하곤 합니다.

틀렸습니다.

남의 잘못을 본인의 잘못에 비교하지 않을려고 하는 생각이 많은 분들입니다.

자기가 본 1을 남에게 흉으로 전할 땐 2로 바뀌어서 흉보는 게 아니라 그랬다라고 포장을 하고 재생산을 해냅니다.

우리는 그런 삶을 살아서는 안되는 것입니다.

내가 보지 않고 내가 겪지 않은 일은 귀로 들어도 두 개의 귀가 있다는 사실을 알아차리는 우리가 됩시다.

하나의 피사체를 보고도 각각의 해석을 하는 것처럼
자기의 눈에 보이는 것이 전부인냥
타인의 의사와는 아무런 필터링없이 재생산되는 일이 없는 삶이 되어야겠지요.
들었어도 내가 보지 않으면
못본 것이 행복한 삶이지요.
옛말에 남이야 갓을 쓰고 복살을 넘던 상관하지 마라는 말이 요즘에 시대에 너무나 가슴에 와닿는 말이 아닐까 싶네요.
모든 것은 나의 마음입니다.
나의 마음이 청정하면 세상이 맑게 보이고
나의 마음이 조금이라도 의심과 불만이 있다면
세상사 모든 것을 선명하게 보지 못하는 인생이 되겠지요.
남은 여생 언제나 청정한 마음으로 내가 맑으면
모두가 맑다는 생각으로 살아갑시다.
의심과 부정은 만병의 원인인 것입니다.

가을의 초입에서 아무생각없는 중생이

절을 해야 하는 분에게는 절을 하고

일어서야 하는 분에게는 일어서고

자리를 내어 드려야 할 분에게는 자리을 내어드리고

길을 비켜드려 할 분에게는 길을 비켜드리고

존경하고 경의를 표할 분에게는

존경하고 경의를 표하라.

이것이 윤리요 삶의 옳은 길이라 생각하게 하는

아침이네요.

많이 시원해졌네요. 건강들 잘 챙기시고

오늘도 윤리가 있는 삶을 살아갑시다.

인간은 누구나 자기만의 지향점을 가지고 살아가지만

그 목표설정이 너무나 과대포장되다 보니 실망이 따르고

실망을 탓으로 돌리는 현실에 봉착하는 우를 범하게 되는

것이 삶이요, 현실인 것입니다.

지향점이 틀리다는 이유로 다른 이를 배척하고

또 선을 넘은 말로서 돌아오지 못할 강을 건너기도 합니다.

우리 이제 얼마 남지 않은 인생

가는 길이 틀리던 생각이 틀리던 개의치 말고

지금 보이는대로, 지금 행하고 싶은대로

살아갑시다.

이것이 행복한 인생이 아닐까 합니다.

因修

사람의 인연은 맺어지면 맺어지는 순간 인연법의 힘으로 힘들어질 수도, 때론 다른 세상으로의 여행으로 살아갈 수 있는게 인연법의 힘이겠지요.

삶에서 맺어지는 인연법은 법의 정도로 불생불멸(不生不滅) 이해로 인연법을 만들 수 있는 힘을 길러야 될 것입니다.

그런 힘으로 우리는 부처님의 정법을 공부하고 이해를 하다보면 부처님의 가피가 홀연히 찾아왔다 사라질 것입니다.

살면서 분명히 부처님 가피을 받았다 느꼈는데

어느 순간 소멸되는 것도 느낄 수 있는 것입니다.

그 이유는 나의 과욕에서 시작되는 것입니다.

나의 복그릇이 소주잔에 불과한데

마음은 맥주잔에 먼저 가 있다보니

부처님 가피에 만족을 못하고

원망하는 경우도 간혹 나타나는 것입니다.

생겨남이 없어야 없어지는것도 없는것이 불교의 가르침인데 생겨나기만 바라고 없어지는 것에는 원망으로 마음을 내면 안되는 것입니다.

없어지는 것에 먼저 마음을 내고

생겨남에 감사할 줄 알아야

부처님의 법에 다가가고

부처님의 가피를 몸소 느낄 수 있는 겁니다.

이것이 부처님의 인연법이 우리에게 보내는 가르침인 것입니다

因修

이 우주에 살아 있는 모든 만물 중에
웃을 수 있는
유일한 생명체는
사람밖에 없는 것입니다.

그런 소중한 표현법을
우리는 사용하지 않을려고 하지 말고
언제나 웃으며 삽시다.

웃으면 행복하고
웃으면 즐거운 것이
사람으로 태어난 축복이겠지요.

더위도 웃음 앞에는
버티지 못하고
물러날 것입니다.
웃고 삽시다.

7월의 마지막날 아침 주절거림

인간은 존경 받고 싶어 하고

지배하고 싶은 탐욕의 유전자를 가지고

생산되는 동물에 불과하지만

태어날 때 세상을 지배력으로 움켜쥐고 싶은

탐욕으로 손을 움켜쥐고 태어나지만

회향할때는 모든 것이 부질없는 탐욕이었다는것을

알아치리면 손바닥을 펴고

회향을 한다.

이것이 우리는 인생이요.

삶이라고 말한다.

인간은 과정의 중요함보다는

결과에 만족해 하다보니

태어날 때의 움켜쥐었던 손에 집착한다.

그런 잘못된 탐욕을 소멸시키고자

젊은이는 인성교육을 받고

중장년은 정도의 법을 지키며 살아가고
수행자는 수행으로
탐욕이라는 내 것이 아닌것에
집착하지 않을려고 노력한다.
배우고 지키고 노력하는 삶이
우리가 바라는 인생이요 반야의 삶일 것입니다.

인수법사의 반야의삶중에서

마음의 의심은 나를 어둡게 만들 뿐이고
그 어두운 마음은 나를 보지 못하게 할 수도 있는
아주 잘못된 생각이요, 탐욕이라는 씨앗을 키울 수도 있는
것입니다.

일어남이 행복의 표현이 되고
잠든 시간이 천상의 편안함이요.
일상이 표현과 편안함의
굴레에서 감사할 줄 아는
우리가 됩시다.

내가 남을 돕는것은
조금은 쑥스러워도
우리가 남을 돕고
봉사하는 일은 그렇게 힘든 일이
아닐겁니다.
하나에 하나를 더하면 둘이 되고
둘에 둘을 더하면 우리가 되어 힘이 생기듯이

반야의 핵심인 공을 채워가는 것도

스님은 수행과 참선으로

우리 불자들은 이웃과 함께라는

마음과 행동을 공이라는

곳간에 채워가는것이 지혜요

반야의 삶이 아닐까요.

반야의 삶이 곧 부처님 법이 삶이겠지요.

언제나 공이란 곳간을 채우는

삶을 살아갑시다.

因修법사의 반야의삶에서

아침의 다짐이 오후에 흐려지고

흐려진 다짐을 다음날 다시 다짐을 하며

살아가는 게 삶이요. 인생일 겁니다.

부처님법을 알기 전에는

주관적 다짐의 삶이다 보니

흐틀어지기도 하지만

부처님법을 알고 나서는

객관적 다짐으로 변하는 것을 느낄 수 있었을 겁니다.

사물을 접할 때도 나의 상에 잡힌 주관적 시각이 아니라

내려놓은 하심의 시각에서 보게 되기도 하는 것이

곧 부처님의 법이요 부처님의 가르침 일겁니다.

보현사 불자님들은 내가 아닌,

같이 동참하고 같이 행하는 우리로

살아갈 수 있는 부처님의 제자로서의 삶이 되시길

발원합니다.

無에서 有에 가는 길은 창조발전의 개념으로

힘들고 지치지만 有에서 無로 가는 길은

滅의 순간이라

조금만 흐트러지면 사라지는 것이

有의 개념입니다.

친구를 만남도 인연법으로 어렵게 만나지만

소원해짐은 찰나의 오해로 일어나는 것입니다.

생김과 없어짐은 나의 行에서 일어나는 것

언제나 지금에 감사합시다.

因修 法師의 아침에

하루는 또하루를 견뎌할 삶의 무게요.

삶의 무게는 하루의 생각에 따라 달라지는 것입니다.

삶의 무게는 마음의 짐이될 뿐 하루를 시작에 두지 말고

노을에 하루을 맡기면

또다른 가벼운 삶이 찾아올 겁니다.

오늘도 하루가 아닌 오늘로써 삶을 맞이합시다.

因修합장

부처는 불성을 향할 때 이루어지고

몸밖을 향해서 구하지 마시고

자기불성을 미하면 곧 중생이요

자기불성을 깨우치면 곧 부처인 것입니다.

자신을 밝히면 곧 부처요

평등하고 곧으면 아미타불일 겁니다.

남과 나의 대립이 수미산이요

나의 삿된 마음이 바닷물이요

나의 번뇌가 파도가 되고

남을 음해하면 악룡이요

탐욕과 분노가 지옥이요

어리석음이 중생이 것입니다.

번뇌도 삿된 마음도

탐욕과 번뇌도 관음기도로

부처님친견 하시길 발원합니다.

자비는 큰관세음보살이요

희사는 대세지 보살입니다.

학리사(鶴理寺) 모형도

이글을 회향(回向)하면서

학리사(鶴理寺)창건불사에 한몸 불사르시는

신화스님의 염원이 이루어지시길

발원(發願)합니다.

학리사(鶴理寺)

인수 법사 수필집
인수 法師의 생활 속의 般若

저 자	김 외 천
발 행 일	2025. 04. 16
출 판 사	도서출판 애플북
I S B N	979-11-93285-84-8 (03510)
발 행 처	도서출판 애플북

이 책은 저작권법에 따라 보호받는 저작물이므로
무단 전재와 무단 복제를 금지합니다.